Editorial
NUN

"Aborto después de nacer":

Un análisis bioético de la vida humana en sus primeras etapas

Una propuesta para la defensa del no-nacido

Catalogación de obra

Casillas Castañeda, Ana Jimena

"Aborto después de nacer":
Un análisis bioético de la vida humana en sus primeras etapas

1a. edición, 2021

Versión impresa. ISBN: 978-607-99201-6-6
Versión digital ISBN: 978-607-99468-0-7

Editorial NUN
Impreso en la Ciudad de México

Formato: 15 × 21 cm

167 pp.

Editorial NUN
Es una marca de Editorial Notas Universitarias, S.A. de C.V.

Xocotla 17, Tlalpan Centro II, alcaldía de Tlalpan, Ciudad de México, C.P. 014000

www.editorialnun.com.mx

Versión impresa. ISBN: 978-607-99201-6-6
Versión digital ISBN: 978-607-99468-0-7

El contenido de este libro es responsabilidad del autor, comentarios sobre la edición a contacto@editorialnotasuniversitarias.com.mx

Dirección editorial y diseño de portada: Miryam Meza Robles
Cuidado de edición: Felipe G. Sierra Beamonte
Corrección de estilo: Lorena García Contreras
Formación digital: Daniel Prisciliano Estrella Alvarado

Impreso en la Ciudad de México

"Aborto después de nacer":

Un análisis bioético de la vida humana en sus primeras etapas

Una propuesta para la defensa del no-nacido

Ana Jimena Casillas Castañeda

DIGNITAS
HUMANA

Índice

Introducción

Los avances médicos surgen a partir de una investigación detallada de diversos eventos en los que se encuentran inmersos; muchos de ellos terminan por realizar sus experimentos en seres humanos para comprobar la falsedad o veracidad de los hechos y así contribuir al progreso de la ciencia y a la preservación de la vida, o al menos, a retrasar la muerte.[1]

En la actualidad, los múltiples puntos de vista opuestos sobre el aborto generan problemas y desacuerdos en la sociedad respecto a la regulación para la protección de la vida. Para adentrarnos en materia, observemos algunas consideraciones previas; la máxima de Hipócrates "no harás daño a tus pacientes" ha sido un principio fundamental de la ética médica; a su vez, en el siglo XIX, Claude Bernard extendió tal principio al campo científico al señalar que la investigación no debe ser dañina, aun en caso de posibles beneficios. Al término de la 2ª Guerra Mundial, en el Juicio de Nuremberg, se denunciaron abusos graves en experimentos con seres humanos conducidos por médicos nazis. A lo largo del tiempo, el interés científico por los temas entorno a la mejora de la calidad de vida de las

1 Declaración de Helsinki de la Asociación Médica Mundial. Principios éticos para las investigaciones médicas en seres humanos [En línea]: https://www.fisterra.com/formacion/bioetica/principios-eticos-para-investigaciones-medicas-seres-humanos-declaracion-helsinki-asociacion-medica-mundial/ [Consulta: 17 de mayo, 2021].

personas, la prevención de la muerte y el cuidado de las enfermedades han llevado a utilizar argumentos retóricos para defender los avances en el estudio de la vida humana.

Los filósofos Alberto Giubilini y Francesca Minerva en su artículo "Aborto después de nacer: ¿Por qué el bebé debe vivir?" publicado en el *Journal of Medical Ethics* hablan sobre esta acción como "la aniquilación de una pura potencia";[2] sin embargo, considerar que la eliminación del feto no atenta contra su calidad de vida ha conducido a una aceptación gradual del aborto en la sociedad. Intentan demostrar argumentativamente que los fetos y recién nacidos no tienen el mismo estatus ontológico y moral que una persona. Para ellos, son potencialmente personas y moralmente irrelevantes, y por tanto, la adopción tampoco estaría entre los mayores intereses de la sociedad. De este modo, pretenden justificar quitarle la vida a un recién nacido pues "no es una persona en acto".[3]

Los autores del artículo mencionan que los abortos se han promovido por tres principales razones:[4]

- Se ha diagnosticado –al feto– en el útero con una deformidad física o conductual o cualquier otro tipo de enfermedad –síndrome de Down–.
- Se concluye que, a causa de tal deformidad o enfermedad, si el niño naciera, tendría una significativa disminución de vida y/o podría ser una grave carga para los padres, la familia y los médicos.
- La adopción no tiene tanto peso en los intereses y consideraciones de las personas.[5]

---

2 Alberto Giubilini, Francesca Minerva, "After-birth abortion: why should the baby live?". *Journal of Medical Ethics*, 39, 5 (mayo, 2013), p. 1. Las traducciones de los títulos, así como las de los fragmentos que se citarán a lo largo de los trabajos son mías.

3 *Ídem*, p.1

4 Francis Beckwith, "Potentials and burdens: a reply to Giubilini and Minerva". *Journal of Medical Ethics*, 39, 5 (mayo, 2013), pp. 341-344.

5 Si bien este punto es importante, no se abordará dentro de esta tesis, pues no es pertinente para la argumentación que pretendo demostrar.

En dicho artículo, manifiestan: "los fetos y recién nacidos son personas potenciales que pueden desarrollarse gracias a sus propios mecanismos biológicos";[6] de esta manera, no cuentan con las propiedades que los hacen ser hombres, pues se "es persona hasta el momento que pueden aspirar y apreciar su vida; es decir, no son sujetos de derecho moral para vivir".[7] Tal argumentación lleva al siguiente cuestionamiento: si el feto no es un ser humano, entonces, ¿qué es? Esta interrogante permite ver que el uso incorrecto de los principios filosóficos como el acto y la potencia puede dirigir a una justificación del homicidio.

> Nuestra intención era preguntar –y tratar de responder– aquellas dudas que surgen de las consideraciones filosóficas acerca de la condición moral de los recién nacidos comparados con los fetos, y acerca de las consecuencias normativas de la respuesta [...] Si pensamos en el aborto como moralmente permitido, bajo ciertas circunstancias, debido a que los fetos carecen de ciertas propiedades, entonces, si los recién nacidos carecen de las mismas propiedades, pensaríamos que lo que llamamos 'aborto después de nacer' es también moralmente permitido al estar bajo las mismas circunstancias.[8]

Este ejercicio argumentativo que pretendieron hacer los autores tiene importantes deficiencias en el uso de conceptos, además de caer constantemente en falacias, por lo que su débil planteamiento impide el cumplimiento de su propósito.

Para comprender mejor la exposición que busca permitir el aborto antes y después de nacer, se evidenciarán los errores conceptuales en los que cae, específicamente respecto a las definiciones de hombre y persona humana, relevantes al analizar las posturas modernas frente a este tema. Seguiremos el hilo desde Aristóteles que inicia con la definición de hombre como "animal racional"; posteriormente inspeccionaremos a Boecio y Santo Tomás

[6] Francis Beckwith, "Potentials and burdens...", p. 342.
[7] Alberto Giubilini, Francesca Minerva, "After-birth abortion...", p. 2.
[8] Alberto Giubilini, Francesca Minerva, "Clarifications on the moral status of newborns and the normative implications". *Journal of Medical Ethics*, 39, 5 (mayo, 2013), p. 264.

de Aquino, basados en la Revelación, quienes lo definen como persona humana atendiendo la parte espiritual; continuaremos con John Locke cuyo estudio permite tomar derecho de propiedad de uno mismo, es decir del cuerpo como posesión. Cabe destacar que posturas a favor del aborto han malinterpretado esta última idea para justificar cualquier acto sobre la propiedad, en este caso el feto.

Estos autores son fuentes principales para comprender al hombre desde el inicio de la vida, y ahondar hasta qué punto se puede considerar un ser humano. Nuestro recorrido pasará por los conceptos básicos que constituyen a todo ser vivo: acto-potencia, sustancia-accidente, cuatro causas, conciencia e individualidad. Una vez explicados, los aplicaremos a la embriología humana; de ese modo, analizaremos la definición del aborto para luego exponer el error del artículo que pretende justificarlo. Este trabajo pondrá de manifiesto el problema de utilizar erróneamente términos que conducen a una interpretación escueta de la vida humana.

La arbitrariedad e incomprensión científica al momento de formar una justificación sobre qué es ser persona, impide el desarrollo de un ejercicio lógico en un análisis que pretende ser filosófico, asunto que debe tomarse con seriedad por sus potenciales repercusiones en el ámbito jurídico.

CAPÍTULO 1
El aborto después del parto

1.1 El contexto de los autores

Con el fin de tener un discernimiento cabal de las afirmaciones de Giubilini y Minerva, es necesario tomar en cuenta el contexto histórico en el que se desarrollan sus ideas. Estudiaron desde la ética médica a las llamadas "pre-personas" y llevaron, hasta las últimas consecuencias, las convicciones a favor y en contra del aborto.[1] Es así como surge el artículo que ha causado controversia desde su título: "El aborto después de nacer: ¿Por qué el bebé debe vivir?", publicado en una revista dentro del campo de la bioética, con reconocimiento internacional.

1.1.1 ¿Quiénes son?

Dichos filósofos son investigadores en medicina ética, especializados en el tema de "pre-personas", considerados así porque "todo individuo que no se encuentre en condición de atribuir valor alguno a su propia existencia no es persona".[2] La mencionada publicación ha conmocionado a la comunidad bioeticista, teológica y médica,

---

1 Alberto Giubilini, Francesca Minerva, "After-birth abortion...", p. 2.
2 *Ídem.*

debido a que su ejercicio argumentativo llega a la idea del "aborto después de nacer", pues si el feto carece de estatus moral y es permisible matarlo, ¿por qué no habría de suceder lo mismo con el recién nacido?

Si se admite que el nacimiento resulta insuficiente para cambiar su estatus moral, tal como lo señalan ciertas leyes de distintos países que no reconocen los derechos del recién nacido sino hasta determinado tiempo, entonces no habría problema en matarlo.[3]

1.1.2 ¿Qué dijeron?

Los investigadores en cuestión revelan que el aborto es "la aniquilación de una pura potencia". En ese sentido, si el feto y el recién nacido son sólo "potencialmente personas", no tienen el estatuto ontológico y moral de un ser humano, y su eliminación no atentaría contra su calidad de vida. Bajo esta perspectiva, el aborto ha ido aceptándose en la sociedad, pues se trata de potencias moralmente irrelevantes, así como se percibe la adopción con muy poco interés. De este modo,

[3] Como en el caso de México: Hasta 24 hrs. Norma Oficial Mexicana NOM-007-SSA2-1993, Atención de la mujer durante el embarazo, parto y puerperio y del recién nacido. Criterios y procedimientos para la prestación del servicio: "4.14 recién nacido vivo: Se trata de todo producto de la concepción proveniente de un embarazo de 21 semanas o más de gestación que después de concluir su separación del organismo materno manifiesta algún tipo de vida, tales como movimientos respiratorios, latidos cardiacos o movimientos definidos de músculos voluntarios".
"5.11.4 El certificado debe ser llenado por el médico o la persona que atienda el parto y el recién nacido, inmediatamente después del mismo o dentro de las primeras 24 horas de ocurrido. En caso de que ninguna persona asistiera a la madre en el parto, el certificado puede ser llenado por personal auxiliar de salud de la propia comunidad o bien los familiares deben notificar al personal de salud de la unidad más cercana para que efectúe el registro."
Yolanda Senties Echeverria, directora general de Atención Materno Infantil, con fundamento en los artículos 45, 46 fracción II, 38 fracción II y 47 de la Ley Federal sobre Metrología y Normalización y el artículo 39 de la Ley Orgánica de la Administración Pública Federal, 3o. fracciones I a V, 13 A) fracción I, 27, 34, 61, 62, 64 y 65 de la Ley General de Salud, 1o. y 7o. fracción II del Reglamento de la Ley General de Salud en materia de Prestación de Servicios de Atención Médica, 11 del Reglamento Interior de la Secretaría de Salud, me permito ordenar la publicación en el Diario Oficial de la Federación, de la Norma Oficial Mexicana NOM-007-SSA2-1993, Atención de la mujer durante el embarazo, parto y puerperio y del recién nacido. Criterios y procedimientos para la prestación del servicio.

encuentran una justificación para quitarle la vida a un recién nacido que "no es una persona en acto".[4]

1.1.3 El alcance de la publicación

El objetivo era hacer un ejercicio lógico sobre el estado de moralidad del aborto. Si se aceptan las circunstancias por las que se permite, ya sean enfermedades, responsabilidad en el cuidado o condiciones tanto económicas como espirituales de los padres; de la misma manera se podría justificar el infanticidio, o como lo llaman los autores, "el aborto después de nacer", ya que no hay una diferencia moral entre feto y recién nacido, pues ninguno tendría estatus moral, capacidad para tener una proyección a futuro, ni conciencia de sí para ser considerado un hombre completo: "Severas anomalías de los fetos y el riesgo de salud física y psicológica de las mujeres son constantemente tomadas como referente en favor del aborto [...] Sin embargo, tener un hijo puede ser en sí misma, una carga intolerable para la salud psicológica de la madre y de sus hijos existentes, sin considerar la del feto".[5]

La publicación del artículo no tiene como fin llevar a acciones ni promover políticas que permitan el "aborto después de nacer"; sino más bien elaborar un ejercicio lógico que parte de la idea del feto como "pre-persona" o "persona en potencia", con lo cual se abriría la posibilidad de abortarlo. Posteriormente, a partir de esa base, preguntarse por qué no estaría permitido abortar también después de nacer, o bien, qué impediría emplear los órganos de quienes no se pueden considerar personas para niños que lo necesitan y cuyo nacimiento sí fue deseado.[6]

---

[4] Alberto Giubilini, Francesca Minerva, "After-birth abortion...", p. 2.

[5] *Ídem.*

[6] Cfr. Tauriq Moosa, "A Further Defence of Giubilini and Minerva". *Big Think* (2 de marzo, 2012) [En línea]: https://bigthink.com/against-the-new-taboo/a-further-defence-of-giubilini-and-minerv [Consulta: 15 de febrero, 2019].

1.2 Nociones preliminares

Para hablar sobre el aborto, es necesario acercarse primero al origen de la palabra que proviene del término latino *abortus*, compuesto de *ab*, privación, y *ortus*, nacimiento, es decir sin nacimiento.[7] Comúnmente se entiende como "la privación del embarazo", ya sea causado por una píldora o por medio de una intervención clínica. *Planned Parenthood*, la clínica abortiva más popular en el mundo, define estos procedimientos: "El aborto con medicamentos, también conocido como la 'píldora abortiva', es cuando tomas medicamentos que obtienes de un médico o enfermero certificado para interrumpir un embarazo en su etapa temprana. El aborto realizado en una clínica lo lleva a cabo un médico o enfermero certificado en un centro de salud. Los dos métodos son seguros y eficaces".[8]

Se hace mención de un proceso "seguro" a manos de expertos en interrumpir, o en realidad exterminar, aquello que va creciendo en el vientre de la mujer. En ese sentido, no se ofrece una definición, sino más bien explica el proceso a realizar donde se deja en entredicho la vida que está en juego, pues se ve al embarazo como independiente al desarrollo vital de otra persona, si es que puede considerarse así.

Sin embargo, en ambos métodos abortivos habría de considerarse en qué medida la privación o interrupción es violenta con el ser gestante, pues de cualquier modo, se produce la muerte del concebido.

Desde otro ángulo, el aborto es la terminación de la vida que se encuentra en desarrollo intrauterino, provocando así su muerte –cese de signos vitales–. El Código Penal Federal Mexicano lo define como "la muerte del producto de la concepción en cualquier momento de la preñez".[9] Es la interrupción del desarrollo del cigoto o embrión

---

[7] Profamilia, "Aborto seguro. ¿Qué es?" [En línea]: https://profamilia.org.co/aborto/que-es-aborto/ [Consulta: 15 de julio, 2019].

[8] Planned Parenthood, "¿Qué necesito saber sobre el aborto?" [En línea]: https://www.plannedparenthood.org/es/temas-de-salud/aborto/pensando-tener-un-aborto/que-necesito-saber-sobre-el-aborto [Consulta: 30 de mayo, 2019].

[9] La ley mexicana comprende el concepto del aborto en los artículos 329 al 334 bajo el título "Delitos contra la vida y la integridad corporal", donde se reconoce la presencia de vida en el ser producto de la concepción.

durante el embarazo, cuando aún no ha alcanzado la madurez fetal o capacidad suficiente para vivir fuera del útero; no obstante, en ello no hay tampoco una justificación de su homicidio.

1.2.1 Contexto histórico: ¿De dónde viene el aborto?

La discusión sobre el aborto y su penalización no es nueva; en este apartado, a través de una revisión histórica del tema, así como de sus repercusiones en los códigos penales de diversas culturas, veremos que los argumentos de Giubilini y Minerva no son tan disruptivos como parecieran inicialmente, ni tampoco incluyen una defensa nunca antes contemplada.

A lo largo de la historia, el aborto ha sido considerado como crimen, cuestión de fe, o simplemente una forma de mejorar la raza como deber para con el Estado: "La eutanasia en infantes ha sido propuesta por filósofos para aquellos niños con severas deformaciones cuyas vidas no se espera en absoluto o que sufrirán".[10] La exploración de estas posturas permitirá tener una mejor perspectiva de las consideraciones actuales y valorar si modifican, cambian o proponen algo que no se había considerado previamente.

1.2.1.1 Códigos y legislaciones

Tomaré como base el texto de David Jones acerca de la historia del aborto, *The soul of the embryo: an enquiry into the status of the human embryo in the Christian tradition*.[11] Las primeras civilizaciones establecieron leyes claras que lo castigaban o penalizaban, ya sea con la muerte o una multa; por ejemplo, en el caso del Código de Hammurabi había una penalización ante la provocación indirecta de aborto, y dependiendo de si era una mujer libre o esclava, variaba la cifra para resarcir el crimen e incluso, el responsable tendría que pagar

[10] Alberto Giubilini, Francesca Minerva, "After-birth abortion...", p. 2.

[11] David Jones, *The soul of the embryo: an enquiry into the status of the human embryo in the Christian tradition*, Londres, Continuum, 2013, p. 52.

con la muerte de uno de sus propios hijos para enmendar el daño:[12]

- Ley 209. Si un hombre libre golpeó a la hija de un hombre libre y la ha hecho abortar, pagará diez siclos de plata por lo perdido.
- Ley 210. Si la mujer muere, se matará a la hija del responsable.
- Ley 211. Si se ha hecho abortar a la hija de un *muskenun* a causa de golpes, pagará cinco siclos de plata.[13]
- Ley 212. Si la mujer muere, pagará media mina de plata.
- Ley 213. Si ha hecho abortar a la esclava de un hombre libre, pagará dos siclos de plata.
- Ley 214. Si la esclava muere, pagará un tercio de mina de plata.

En el Código se da por hecho que quien aborta no es por su voluntad, sino a causa de una fuerza externa, es decir, una violencia ejercida sobre ella que le provoca perder la vida que llevaba dentro. En ese contexto, no se podría considerar matar a un tercero, mucho menos a un bebé inocente.

A su vez, las leyes 17 y 18 hititas establecen una multa dependiendo de la etapa de desarrollo del embrión.[14] Además, distinguen entre un aborto natural de uno provocado:[15]

- Si alguno causa aborto a una mujer libre que estuviera en el décimo mes –lunar– de embarazo, pagará 10 siclos de

[12] *Código de Hammurabi* [En línea]: https://www.protocolo.org/miscelaneo/reportajes/codigo-de-hammurabi-ix.html, núm. 209-214 [Consulta: 17 de febrero, 2019].

[13] "Siervos o semi-libres, quienes acorde con el Código de Hammurabi, un grupo social intermedio de la antigua Babilonia". Carlos Wagner, *Historia del Cercano Oriente*, Salamanca, Ediciones Universidad de Salamanca, 2000, p. 19.

[14] Ana María Vázquez Hoys, "Hititas", en *Página Web de la Dra. Ana María Vázquez Hoys -Profesora de Historia Antigua,* UNED [En línea]: http://www2.uned.es/geo-1-historia-antigua-universal/HISTORIA%20GENERAL%20RELIGIONES/HITITAS/leyes_hititas.htm [Consulta: 14 de abril, 2018].

[15] David Jones, *The soul of the embryo…*, p. 52.

plata; si estaba en el quinto mes, pagará 5 siclos de plata, y así apartará la culpa de su casa.

- Si alguno causa aborto a una mujer libre pagará veinte siclos de plata.
- Si alguno causa aborto a una mujer esclava, si es en el décimo mes -lunar- de embarazo pagará cinco siclos de plata.
- Si alguno causa aborto a una mujer esclava, pagará diez siclos de plata.

A su vez, las leyes sirias 50 a 53 penalizaban el aborto provocado como ofensa capital, por lo que el culpable era castigado a ser atravesado o bien, a compensar la pérdida con otra vida:[16]

- Si un hombre golpea a la mujer de otro hombre en su primera etapa de embarazo, y causa la pérdida de lo que tenía, es un crimen; deberá pagar dos talentos.
- Si un hombre golpea a una prostituta y causa que pierda lo que tenía, golpe a golpe deberá soportar restituir una vida.
- Si una mujer voluntariamente pierde lo que tiene, deberá ser perseguida, crucificada y no enterrada. Si muere por perder lo que tenía, deberá ser crucificada y no enterrada.

Como puede verse hasta este punto, en la Antigüedad, el aborto se tomaba como un crimen que debía ser castigado o penalizado, pues se consideraba la pérdida de un bien, en este caso la vida. En contraste con las discusiones actuales, a estas culturas no les era necesario un estudio para determinar lo evidente, es decir, que el feto se trataba de una persona; con el acercamiento a sus leyes, podemos reflexionar que en ninguna época el tema del aborto debe pasar desapercibido en la sociedad, ni tampoco las sanciones que conlleva.

---

16 Fordham University, *Ancient History Sourcebook: The Code of the Assura, c. 1075* [En línea]: https://sourcebooks.fordham.edu/halsall/ancient/1075assyriancode.asp [Consulta: 24 de junio, 2018].

1.2.1.2 Grecia y Roma

En la historia de la antigua Grecia se ha tratado el aborto como un proceso de eugenesia; siempre y cuando el niño recién nacido cumpliera con ciertos requisitos para sobrevivir en una sociedad y aporte al bien común, era preservado, de lo contrario se desechaba. Los espartanos desarrollaron un sistema para examinar y reconocer aquellos de los que había de deshacerse; incluso, Platón y Aristóteles planteaban la eliminación de todo ser humano que no fuera capaz de llevar a cabo su misión de vida.[17]

Un acto de violencia contra el recién nacido es un delito, por lo que hoy día la diferenciación entre éste y el feto sirve como protección ante el juicio penal y social.[18] En cambio, en esa época no había distinción alguna entre el aborto y el infanticidio, tal como se ve en numerosos libros de medicina, leyes y filosofía; por ejemplo, Filón afirmaba que los griegos veían al niño como ser humano después de que hubiera comido,[19] además, consideraba el embarazo como una

---

[17] "Al nacer un grupo de ancianos examina al bebé, decidiendo si será criado o arrojado por el Monte Taigeto por cualquier defecto físico. Los niños a partir de los 7 años eran separados de su familia para ser educado con una clara orientación guerrera. Aprendían a leer y escribir, algo de danza y música, y poco más. A los 12 años debía procurarse el sustento robando comida, pero debía hacerlo sin ser sorprendido, bajo pena de un terrible castigo, y a partir de entonces vivían del lote de tierra que había recibido del estado". Mario Del Río González, Puerto Valencia Corrales, "Esparta: sistema de gobierno y clases sociales", en *Departamentos de griego y latín IES "Alagón" de Coria* [En línea]: https://iesalagon.educarex.es/web/departamentos/latin/materiales/grie2_archpdf/esparta.pdf [Consulta: 15 de mayo, 2018].

[18] David Jones, *The soul of the embryo…*, p. 33-34.

[19] "117. Así pues, Moisés ha prohibido, de manera indirecta e implícita, la exposición de recién nacidos, al determinar, según he dicho, que la muerte fuera el castigo de los que provocaren un aborto cuando ya el feto estuviere completamente formado. La opinión de que las criaturas que todavía están adheridas al vientre de la madre son parte de las que darán a luz es sustentada por filósofos naturalistas, cuya vida está dedicada a la labor especulativa, y también por los más ilustres entre los médicos, los que han investigado acerca de la estructura del ser humano, examinando detalladamente sus partes visibles y ocultas, mediante una cuidadosa disección, con miras a evitar que, en caso de requerirse un tratamiento médico, resulte descuidada por ignorancia alguna causa de serio peligro.
118. En cambio, las criaturas ya dadas a luz quedan separadas del organismo en el cual se desarrollaron; y, libradas a su propio desenvolvimiento, conviértense en seres vivientes a los que nada les falta de cuanto concurre a completar la humana naturaleza. En consecuencia, el infanticida es, sin lugar a dudas, un asesino, por cuanto el disgusto de la ley no depende de las edades, sino atañe a la violación de las obligaciones para con la especie.
119. Aunque por cierto que, si la edad debiera ser tenida en consideración, cualquiera, me

bendición divina basado en sus estudios de las leyes mosaicas:

> No es lícito privar de su sepultura a ningún cadáver, sino cubrirlo de tierra como reclama la piedad. Ni alterar de ningún modo los ataúdes ni los monumentos de los muertos. Ni agregar trabas ni crear más dificultades a quien se halla en apremios. Ni anular la capacidad generativa propia de los hombres ni provocar abortos en las mujeres mediante drogas esterilizantes u otros procedimientos. Ni dar a los animales un trato contrario al que ha sido prescripto por Dios y además por su legislador. Ni malograr su simiente ni defraudar su descendencia.[20]

Las leyes romanas otorgaban el poder al padre de familia de decidir reconocer a su hijo y mantenerlo con vida, o matarlo.[21] Séneca sostenía que si el niño nacía débil y anormal, no podía ser mantenido con vida, pues era un principio de razón separar lo inútil de lo útil;[22] no obstante, también alababa a quien llevaba en el vientre a su hijo, a pesar del dolor que le pudiera causar: "Nunca, a la manera de otras cuya reputación procede sólo de su belleza, disimulaste tu vientre hinchado como si fuera una carga indecorosa ni destruiste en tus entrañas las esperanzas concebidas de hijos".[23]

Estas consideraciones han de entenderse en contexto, pues la expectativa de vida de los niños no era muy alta; la tasa de mortalidad

---

parece a mí, se irritaría forzosamente más en el caso de los que cometen infanticidio. Porque, tratándose de adultos, son muchísimos los pretextos razonables a que dan lugar los enfrentamientos y controversias, mientras que a los que no son sino tiernas criaturas que acaban de ver la luz de la humana existencia, siendo completamente inocentes, no cabe dirigirles ni siquiera una falsa acusación. Por lo tanto, bien pueden ser tenidos por los más sanguinarios y despiadados de los hombres aquellos que con encarnizamiento atentan contra ellos; y la sagrada ley los detesta y declara culpables". Filón, *Vida de Moisés*, Barcelona, Gredos, 1976, núm. 117-120.

20 Filón, *Hipotéticas (Apología de los judíos)*, Buenos Aires, Editorial Acervo Cultural, 1976, núm. 7.7.

21 Juan Manuel Blanch, "Filiación en el pensamiento jurídico romano. Ueritati locum superfore". *Revista General de Derecho Romano*, 3, (19 de septiembre, 2004) [En línea]: https://repositorioinstitucional.ceu.es/bitstream/10637/3493/1/Filiacion_JM_Blanch_Rev_Gen_Dcho_Rom_2004.pdf [Consulta: 21 de marzo, 2021].

22 Séneca, *Acerca de las leyes*, Barcelona, Gredos, 2005, núm. 3.8; *Acerca del enojo*, Argentina, Biblioteca Virtual, 2003, núm. 1.15.

23 Séneca, *Diálogos. Consolaciones a Marcia, a su madre Helvia y a Polivio*, Barcelona, Gredos, 1996, p. 118.

de la época mostraba mayor frecuencia en esa población que en los adultos, a grado tal que no se hacía constar en el registro: "Más que matar a los niños se les abandonaba en las puertas de los templos, en donde eran recogidos por los padres adoptivos. La práctica de exponer a los niños era sancionada aparentemente por los mitos griegos y romanos en donde los niños supervivientes se volvían grandes figuras".[24] Ejemplo de estos infantes son Edipo, Poseidón y Paris, Rómulo y Remo, entre otros, cuyas historias perpetuaban la idea de que el destino de los niños abandonados estaba en manos de los dioses.

Durante esos años, el aborto se estimaba más inseguro que el infanticidio; mientras el primero representaba un riesgo para la madre, por la violencia en sí de la acción de deshacerse del niño, el segundo no perjudicaba a nadie más que a la víctima, en este caso el recién nacido. Es por lo anterior que, tanto en esa época como en la actualidad, esta acción se percibe menos atroz que el infanticidio, pues no se está considerando al infante: "El aborto no distingue entre bebés sanos de bebés discapacitados";[25] sin embargo, tengamos presente, el valor de la vida humana en la Antigüedad no era el mismo que el de ahora.

Las razones en Grecia y Roma eran similares a las de hoy día; quienes estaban a favor, defendían también la idea de que la discapacidad o alguna enfermedad impedía una "calidad de vida" aceptable para la sociedad. En contrapeso, también existen testimonios de grandes personalidades que se oponen, como Séneca al alabar a la madre por "no destruir la esperanza de los bebés que se nutrían en su vientre";[26] Ovidio quien lo consideraba como un acto más salvaje que el de una leona comiéndose a su cachorro;[27] a su vez, Juvenal escribe acerca de los abortistas como "los asesinos de la humanidad en el vientre";[28] algunos reyes afirmaban que llevar a cabo dicha acción sin considerar al padre permitía el divorcio; Severo, Antonino y Ulpiano

[24] David Jones, *The soul of the embryo...*, p. 36.
[25] *Ibidem*, p. 38.
[26] Séneca, *Diálogos...*, p.17.
[27] Ovidio, *Amores*, Barcelona, Gredos, 1989, núm. 2.14.
[28] Juvenal, *Sátiras*, Madrid, Consejo Superior de Investigaciones Científicas, 1996, p. 7.

declararon que fuera castigado con el exilio.[29] De igual modo, algunas leyes romanas condenaban a quien prescribiera drogas para abortar; dichas regulaciones surgen principalmente "para reforzar la ansiedad acerca de la pérdida de estabilidad de la familia y de la subsecuente erosión de la autoridad del paterfamilias",[30] debido a las constantes invasiones e influencias de los bárbaros; cabe mencionar, esto aun sin la propagación del cristianismo.

El principal texto de la Antigüedad con argumentos contra el aborto es el juramento hipocrático, el cual, desde su origen en el siglo IV, los médicos continúan pronunciando: "A nadie daré una droga mortal aun cuando me sea solicitada, ni daré consejo con este fin. De la misma manera, no daré a ninguna mujer supositorios destructores; mantendré mi vida y mi arte alejado de la culpa".[31] Las razones exactas de esta postura son desconocidas, pero haya sido por pensar al feto como ser humano o por respeto al proceso natural y, por ende, a la vida que viene, se muestra ya desde este tiempo una consideración del embrión como un ser viviente, separado de la madre. Quisiera hacer énfasis en la relevancia de este juramento, pues ha inspirado durante siglos la práctica médica y ha fundado un código ético de conducta en esta ciencia.

A lo largo de la historia, el aborto ha sido aprobado cuando se cumplen ciertos factores como el tiempo, la formación o una discapacidad. Estos mismos argumentos se encuentran actualmente entre quienes están a favor de tal acto; sin embargo, son insostenibles para partir de ellos hacia una legalización, pues no hay en ellos justificación filosófica sólida.

1.2.1.3 Tradición judeocristiana

Para nutrir esta revisión histórica, veamos la postura del Antiguo Testamento a partir de Génesis 9:6: "El que derramare sangre de hombre, por el hombre su sangre será derramada; porque a imagen

[29] Justiniano, *Digesto*, España, Consejo de Ciento, 1996, 48, 8, 8.

[30] David Jones, *The soul of the embryo…*, p. 39.

[31] Hipócrates, *Juramento* [En línea]: http://www.bioetica.org/cuadernos/contenidos/hipocrates.htm [Consulta: 14 de julio, 2017].

de Dios es hecho el hombre".[32] El pasaje anterior permite seguir que, si el hombre es a imagen y semejanza divina, el aborto es un homicidio; consideremos además que para el pueblo judío era una bendición divina tener hijos y un castigo no poder engendrarlos o educarlos.[33]

El aborto natural se tomaba como castigo de Dios; en ese caso, y sólo por estar en riesgo la vida de la madre, era posible extraer al bebé.[34] Maimónides aclara que el riesgo debe ser inminente para llevarlo a cabo, pues de no ser así, se estaría pecando contra la voluntad divina.

El cristianismo asimila esta tradición, y con el paso de la evangelización, van surgiendo diferentes autores que especularán acerca de este acto como un homicidio. A partir de ellos, se discute si desde la gestación el feto es un hombre total o parcial, pues dependiendo de esto, sería o no un delito. El debate dio pie a establecer diferentes posturas y penas adecuadas para la acción ejercida sobre el embrión; Tertuliano lo explica de la siguiente manera:

> Para que secretamente me digan cómo matarán sus hijos. Los que los arrojan al Tíber; los que los exponen para que el hambre, los fríos y los perros se los coman o los maten; los que procuran los abortos, no negarán que los matan: sólo dirán que les dan la muerte más benigna que los cristianos. ¿Y no es mayor crueldad entregar un niño a un perro que a un cuchillo? Que hombres mayores, a quien en la condenación dejaron elegir el linaje de la muerte eligieron por más benigna la del hierro. A nosotros no es lícito no solamente matar hombres o niños, pero ni desatar aquellas sangres que en el embrión se condensan. La ley que una vez nos prohíbe el homicidio, nos manda no descomponer en el vientre de la madre las primeras líneas con que la sangre dibuja la organización del hombre, que es anticipado homicidio impedir

---

32 El Talmud señala que "hasta ser imagen y semejanza divina", el feto es un hombre después de los 40 días de formación. Cfr. David Jones, *The soul of the embryo…*, p. 50.

33 *Ídem.*

34 "1) If a woman is having trouble giving birth; they cut up the child in her womb and brings it forth limb by limb, because her life comes before the life of [the child]. 2) But if the greater part has come out, one may not touch it, for one may not set aside one person's life for that of another". Joshua Kulp, *Ohalot*, 7; *Mishnah*, 6 [En línea]: http://learn.conservativeyeshiva.org/ohalot-7-6-htm/ [Consulta:15 de julio, 2018].

> el nacimiento. No se diferencia matar al que ya nació y desbaratar al que se apareja para nacer, que también es hombre el que lo comienza a ser como fruto de aquella semilla.[35]

San Agustín afirma que el aborto no sólo es homicidio, sino que atenta contra la perfección de las creaturas hechas por Dios. En el punto 85 del *Enchiridión*, a propósito del tema de la resurrección, el africano evidencia su perspectiva:

> ¿Resucitarán los fetos abortivos? Aquí, en primer lugar, se ofrece la cuestión acerca de los abortos, que ya de algún modo han nacido en los senos de sus madres, pero aún no de tal modo que pudiesen renacer. Si dijéremos que todos han de resucitar', podría tolerarse esta aserción refiriéndonos a los ya formados; pero a los aun no formados, ¿quién no se sentirá más inclinado a creer que perecerán, como gérmenes que no fueron fecundados?' Pero ¿quién se atreverá a negar, por más que no se atreva tampoco a afirmar, que 'la resurrección hará que se complete lo que faltó a su disposición corporal? Y de este modo no se echará de menos la perfección, que el embrión habría obtenido con el tiempo, como tampoco tendrá los defectos que le hubiera acarreado el tiempo; de modo que ningún individuo se verá defraudado en aquello conveniente y proporcionado que habría adquirido con la edad; ni tampoco afeado en lo que de adverso y contrario la edad le hubiese ocasionado; sino que se dará estado perfecto a lo que aun no lo era, del mismo modo que será restaurado lo que se había viciado.[36]

Además, señala que el aborto atenta en contra del matrimonio al no reflejar uno de los fines del mismo:

> Sin embargo, una cosa es no unirse sino con la sola voluntad de engendrar, cosa que no tiene culpa, y otra apetecer en la unión, naturalmente con el propio cónyuge, el placer, cosa que tiene una

[35] Tertuliano, "Apologeticum", en *The Tertullian Project* [En línea]: http://www.tertullian.org/articles/manero/manero2_apologeticum.htm [Consulta: 15 de marzo, 2018].

[36] San Agustín, "Manual de la fe, de la esperanza y de la caridad (*Enquiridon*) a Lorenzo", en *Sant Agostino* [En línea]: http://www.augustinus.it/spagnolo/enchiridion/enchiridion_libro.htm [Consulta: 15 de agosto, 2018].

> culpa venial [...] A veces llega a tanto esta libidinosa crueldad o, si se quiere, libido cruel, que emplean drogas esterilizantes, y, si éstas resultan ineficaces, matan en el seno materno el feto concebido y lo arrojan fuera, prefiriendo que su prole se desvanezca antes de tener vida, o, si ya vivía en el útero, matarla antes de que nazca. Lo repito: si ambos son así, no son cónyuges, y, si se juntaron desde el principio con tal intención, no han celebrado un matrimonio, sino que han pactado un concubinato. Si los dos no son así, digo sin miedo que él o ella es una prostituta del varón o él es un adúltero de la mujer.[37]

Más tarde, cuando Santo Tomás introduce a Aristóteles, afirma que el desarrollo del hombre viene de manera procesual y sucesivamente,[38] por lo que el alma racional no es en acto sino en potencia. En ese sentido, la primera etapa es la vegetativa, luego la animal o sensitiva, finalmente la intelectiva que se desarrolla gracias a la intervención divina.[39] Esto quiere decir que el alma no preexiste al cuerpo y más bien es creada al momento de infundirse en él, a partir de los

---

[37] San Agustín, *El matrimonio cristiano. El matrimonio y la concupiscencia* [En línea]: http://www.augustinus.it/spagnolo/nozze_concupiscenza/nozze_concupiscenza_1_libro.htm [Consulta: 15 de agosto, 2018].

[38] "El semen del sexo masculino no es como la materia, sino como el agente activo en la concepción del animal, pues únicamente la mujer suministra la materia en la concepción". Santo Tomás de Aquino, *Suma Contra Gentiles*, q.28, art. 1, resp. 5 [En línea]: https://www.dominicos.org/media/uploads/recursos/libros/suma/5.pdf III [Consulta: 15 de agosto, 2018].

[39] Santo Tomás de Aquino, *Suma Teológica I-II*, q.118. art. 2 ad. 2 [En línea] https://www.hjg.com.ar/sumat/ [Consulta: 15 de marzo, 2018]: "Hay que admitir que el alma preexiste en el embrión, primero como nutritiva; después, como sensitiva, y, por último, como intelectiva. Otros dicen que sobre el alma vegetativa que es la primera en existir, viene otra alma, la sensitiva, y sobre ésta otra, la intelectiva. De tal modo que hay en el hombre tres almas, de las cuales una es potencia de la otra. Esto lo rechazamos ya (q.76 a.3). Por lo tanto, hay que decir que el alma intelectiva es creada por Dios al completarse la generación humana, y que esta alma es, a un mismo tiempo, sensitiva y vegetativa, corrompiéndose las formas que le preceden". En la q. 76 "Sobre la unión alma-cuerpo", en el artículo 3: "En el hombre, además del alma intelectiva, ¿hay o no hay otras almas diferentes esencialmente?"; al responder a la tercera objeción, Santo Tomás afirma que "Al principio, el embrión tiene un alma sólo sensitiva que es sustituida por otra más perfecta, a la vez sensitiva e intelectiva". Por otro lado, señala: "El crecimiento se produce en virtud de la potencia aumentativa del mismo ser que crece; pero la formación del cuerpo se realiza por la potencia generativa no del que es engendrado, sino del padre que engendra mediante el semen, en el que la obra la fuerza formativa derivada de la vida del padre". *Suma Contra Gentiles*, q. 33, art. 2, resp. 4.

cuarenta días para los hombres y noventa para las mujeres.[40] Para el Aquinate, el alma no sólo forma al cuerpo, sino también es la forma sustancial del ser humano.[41]

Una persona se forma solamente por otros seres humanos; es decir, si el embrión tiene un poder inherente para producir un hombre adulto, entonces posee una naturaleza humana y por tanto, es un ser humano; así como la semilla contiene en potencia el fruto. No podemos aceptar como argumento tajante la infusión del alma por parte de Dios, pues esto dejaría indefinida la constitución del embrión anterior al alma. No es posible definir la embriología como un mero acto de fe.

Santo Tomás intenta explicar la reproducción y defender al hombre desde su concepción; sin embargo, es necesario tomar en cuenta que durante la época del Aquinate no existía la tecnología actual para determinar con toda certeza lo que se señalaba acerca de la embriología; los medievales no sabían lo sucedido antes de la formación de un feto, ni conocían la célula o el ADN:

> Es imposible que la virtud activa de la materia llegue a producir un efecto inmaterial. Es evidente que el principio intelectivo en el hombre es un principio que trasciende la materia, pues tiene operaciones en las que no participa el cuerpo. Por lo tanto, es imposible que la virtud seminal sea causa del principio intelectivo.
>
> Igualmente, la virtud seminal obra por virtud del alma del que engendra, en cuanto que el alma del que engendra es forma de su cuerpo, del que se sirve para obrar. Pero en las operaciones del entendimiento no participa el cuerpo. Por lo tanto, la virtud del principio intelectivo, en cuanto tal, no puede comunicarse al semen. Por eso, el Filósofo, en el libro *La generación de los animales*, dice: Sólo el entendimiento proviene de fuera.
>
> Igualmente, el alma intelectiva tiene operaciones vitales incorpóreas, y es subsistente, como ya se mencionó.[42] Consecuentemente, le compete por sí misma el ser y el hacerse. Por ser sustancia inmaterial, no puede ser producida por generación, sino sólo por

40 David Jones, *The soul of the embryo...*, p. 120.

41 Santo Tomás de Aquino, *Suma Teológica I-II*, q. 91, art 4, ad 3.

42 Se refiere a las partes q.75, a.2.

> creación divina. Por lo tanto, decir que el alma intelectiva es producida por el que engendra, equivale a negar su subsistencia y a admitir que se corrompe con el cuerpo. Por eso es herético decir que el alma intelectiva se propaga por generación.[43]

Con este texto, Santo Tomás supera la postura aristotélica de la corrupción del compuesto con el cambio substancial del hombre. El cristianismo condena todo lo que vaya en contra de la voluntad divina, por lo tanto, el aborto y cualquier método anticonceptivo negaría las Escrituras del Génesis 1:28: "creced y multiplicaos". En consecuencia, se establecen penas como prohibir la comunión, el bautismo y despojar de la gracia divina; sin embargo, aquellas sanciones establecidas por la Iglesia deberán tomar en cuenta las circunstancias y los factores para poder acusar a quienes cometieron aborto.

A pesar de las diferentes opiniones respecto al embrión, todos los autores concuerdan con que practicarlo en las primeras etapas de la formación es un pecado y se encuentra análogamente relacionado con un homicidio, ya sea intencional, moral o espiritual.[44] La Iglesia se encarga de establecer una pauta y considera al embrión como ser humano desde la gestación, hasta su nacimiento, por consiguiente, cualquier acción que lo afecte se verá como si se le estuviera haciendo a un niño, adulto o viejo. Las penas y grados de pecados han ido modificándose a lo largo del tiempo, con el fin de ofrecer una reconciliación en un tema ampliamente discutido en la historia de la Iglesia.

Dadas las variadas concepciones de la formación del hombre, la tradición cristiana se divide en dos ramas: los que admiten que el alma y el cuerpo se generan al mismo tiempo, como Tertuliano y Orígenes cuya afirmación, con base en los escritos aristotélicos, es que el padre y la madre heredan el alma y el cuerpo; por otro lado están quienes sostienen que Dios forma el alma y la introduce en el cuerpo, como lo afirman San Agustín y Santo Tomás de Aquino.[45]

---

[43] Santo Tomás de Aquino, *Suma Teológica I-II*, q. 118, art 2.

[44] David Jones, *The soul of the embryo…*, p. 71.

[45] "Por eso, sólo Dios hace creando; los demás agentes, cambiando. Por lo tanto, porque el

Es preciso ahondar en este último bando, pues si bien acepta que no sabe cuándo se infunde el alma espiritual, asegura que el aborto sucede cuando ya se tiene el alma racional.[46]

Considerar esta falta de certeza es importante, pues da pie a una pregunta medular en el tema: ¿hasta cuándo se puede abortar? Para responderla, los autores medievales recurren al concepto de forma substancial, como Santo Tomás que se aproxima de la siguiente forma:

> Es necesario afirmar que el entendimiento, principio de la operación intelectual, es forma del cuerpo humano. Pues lo primero por lo que obra un ser es la forma del ser al que se le atribuye la acción [...] ningún ser obra sino en cuanto que está en acto; por lo tanto, obra por aquello que hace que esté en acto. Es evidente que lo primero por lo que un cuerpo vive es el alma. Y como en los diversos grados de los seres vivientes la vida se expresa por distintas operaciones, lo primero por lo que ejecutamos cada una de estas operaciones es el alma [...] es lo primero por lo que nos alimentamos, sentimos y nos movemos localmente; asimismo es lo primero por lo que entendemos. Por lo tanto, este principio por el que primeramente entendemos, tanto si le llamamos entendimiento como alma intelectiva, es forma del cuerpo.[47]

Aunque haya ambigüedades suscitadas por el desconocimiento de la exactitud de los procesos biológicos, Santo Tomás afirma que la forma substancial no depende de un progreso material para ser; por el contrario, es la guía y motor del ser en formación, no se altera ni se adquiere, sino que siempre está desde el inicio, y en el caso del embrión, no se pierde en el proceso formativo. Es decir, el hombre no va "aumentando su nivel" por el tipo de alma desarrollada; más bien, desde su proceso de conformación, el alma, autónoma del cuerpo, también va desenvolviéndose, sin dejar de ser en acto racional; esto sucede independientemente si el cuerpo está en crecimiento o corrupción.[48]

alma humana no puede ser hecha por transmutación de alguna materia, no puede ser hecha más que por Dios directamente". Santo Tomás de Aquino, *Suma Teológica I-II*, q. 90, art 3.

46 David Jones, *The soul of the embryo...*, pp. 114-117.

47 Santo Tomás de Aquino, *Suma Teológica I-II*, q. 76.

48 *Ibidem*, 76. a. 1, ad. 5.

El estudio de la bioética puede rastrearse desde las posturas históricas y con base en esos antecedentes, se han de tomar en cuenta algunos aspectos fundamentales.

- El ser humano ha de ser respetado, como persona, desde el primer instante de su existencia, como se afirma en la "Declaración sobre el aborto procurado" de la Sagrada Congregación para la Doctrina de la fe:

> Desde el momento en que el óvulo es fecundado, se inaugura una nueva vida que no es la del padre ni la de la madre, sino la de un nuevo ser humano que se desarrolla por sí mismo. Jamás llegará a ser humano si no lo ha sido desde entonces. A esta evidencia de siempre [...] la genética moderna otorga una preciosa confirmación. Muestra que desde el primer instante se encuentra fijado el programa de lo que será ese viviente: un hombre, este hombre individual con sus características ya bien determinadas. Con la fecundación inicia la aventura de una vida humana, cuyas principales capacidades requieren un tiempo para desarrollarse y poder actuar.[49]

- El fruto de la generación humana, a partir del primer momento de su existencia, desde la constitución del cigoto, exige el respeto incondicionado que es moralmente debido al ser humano en su totalidad corporal y espiritual. Se le debe tratar como persona al instante de su concepción, además de reconocerle sus derechos, principalmente el de la vida, inalienable a todo ser humano inocente.
- "El diagnóstico prenatal puede dar a conocer las condiciones del embrión o del feto cuando todavía está en el seno materno; con ello, se permite o consiente prever, más precozmente y con mayor eficacia, algunas intervenciones terapéuticas, médicas o quirúrgicas".[50]
- Son lícitas las intervenciones sobre el embrión humano siempre que respeten la vida e integridad del embrión, que

---

[49] Sagrada Congregación para la Doctrina de la Fe, "Declaración sobre el aborto procurado", en *Acta Apostolicae Sedis*, 66 (1974), p. 738.

[50] *Ídem.*

no lo expongan a riesgos desproporcionados y cuyo fin sea su curación, la mejora de sus condiciones de salud o su supervivencia individual.

- "Ninguna finalidad, aunque fuese en sí misma noble, como la previsión de una utilidad para la ciencia, para otros seres humanos o para la sociedad, puede justificar de algún modo las experiencias sobre embriones o fetos humanos vivos, viables o no, dentro del seno materno o fuera de él".[51]
- Los embriones humanos obtenidos *in vitro* son seres humanos y sujetos de derecho, por lo que su dignidad y su derecho a la vida deben ser respetados desde el primer momento de su existencia. Es inmoral producir embriones humanos destinados a ser explotados como "material biológico" disponible.[52]

Estos puntos nos acercan a la idea de que tanto el aborto como cualquier manipulación sobre el embrión son contrarias a la dignidad personal del ser humano, a su integridad e identidad. No pueden justificarse de modo alguno a causa de posibles consecuencias beneficiosas para la humanidad futura.[53] Cada persona merece respeto por sí misma: en esto consiste la dignidad y el derecho del ser humano desde su inicio.

La tradición judeocristiana ha sido referente moral en la defensa de la dignidad humana y el trato que debe darse a toda persona desde la concepción hasta su muerte. Todos son hijos de Dios y nadie ni nada puede ir en contra del plan Divino al intentar quitarles la vida. Las posturas cristianas ante el estatus moral del feto siguen marcando la pauta en los debates modernos frente al aborto, aunque también lo hacen las otras grandes religiones monoteístas.

---

[51] *Ídem.*

[52] *Ídem.*

[53] Cfr. Juan Pablo II, "Discurso a los participantes de la 35ª Asamblea General de la Asociación Médica Mundial", en *La Santa Sede* (Juan Pablo II, *Discursos*, 29 de octubre de 1983) [En línea]: http://www.vatican.va/content/john-paul-ii/es/speeches/1983/october/documents/hf_jp-ii_spe_19831029_ass-medica-mondiale.html [Consulta: 23 de marzo, 2021].

1.2.1.4 La modernidad

A inicios del siglo XIX las leyes inglesas determinaron: "el aborto que produce un parto [con el niño] vivo, pero lleva a la subsecuente muerte del niño, se considera homicidio", esto en congruencia con las Actas de Aborto durante la Edad Media.[54] Más tarde Lord Ellenborough en *The Bill of Malicious Shooting* publicó una tipología de crímenes; en ella, el aborto era clasificado como una forma de asalto con intención de hacer daño al prójimo.[55] Sin embargo, este acto no se denunciaba como cualquier otro delito donde, sin conocimiento de la intención, los hechos hablaban por sí solos; si la acusación era, por ejemplo, haber tomado un veneno para llevarlo a cabo, se requería el motivo, pues se justificaba si la vida de la madre estaba en riesgo.

Tal revuelo causó esta ley que en Estados Unidos hubo un caso donde se declaró inocencia ante el aborto.[56] Sea para proteger la vida, de la madre o del niño, dicha Acta abrió las puertas a su discusión legal: ¿es un homicidio matar al feto antes de tener alma o después de haberla adquirido? Las leyes fueron tomando una postura, pero no a partir de la visión filosófica, sino desde la habilidad y preparación de los médicos. Así es como en 1836 el Comisionado de Leyes Criminales levantó la pena de aborto de homicidio a cárcel por tres años.

---

54 David Jones, *The soul of the embryo...*, p. 195.

55 Cfr. Ian Shapiro, "El derecho constitucional al aborto en los Estados Unidos: Una introducción". *Doxa. Cuadernos de Filosofía del Derecho* (Universidad de Alicante), 31 (2009) [En línea]: https://shapiro.macmillan.yale.edu/sites/default/files/files/abortion-spanish.pdf [Consulta: 3 de mayo, 2018].

56 Cfr. John Keown, *Abortion, Doctors and the Law: Some Aspects of the Legal Regulation of abortion in England from 1803 to 1982*, Cambridge, Cambridge University Press, 1985, pp. 14-17. Se trata del caso "Marbury v. Madison", el entonces presidente de la Suprema Corte de los Estados Unidos, John Marshall, dictaminó que "una ley repugnante a la Constitución es nula", lo que dio nacimiento en aquel país a la doctrina del control de la constitucionalidad de las leyes por parte del poder judicial ("judicial review"). Cfr. Neydy Casillas, Piero Tozzi, *et al.*, "El aborto en el derecho internacional y en la jurisprudencia panamericana", en *Notivida* [En línea]: http://www.notivida.com.ar/Articulos/Aborto/AbortoEnElDerechoInternacional.html [Consulta: 3 de mayo, 2018].

La disputa del XIX culminó posteriormente en un cierre del dilema sobre el alma en el feto;[57] en el año 1929 el Acta de Preservación de la Vida del Infante o *Infant Life Preservation Act* despenalizó el que se hacía con intención terapéutica, mientras "el acto fuera cometido con buena fe, con la sola intención de salvar la vida de la madre".[58] Más tarde, en 1967, dicho documento lo permitió en Inglaterra, Escocia y Gales, siempre y cuando se cumpliera alguna de las siguientes condiciones:[59]

- El embarazo comporta un riesgo de daño serio para la salud física o mental de la gestante o de alguno de los niños ya existentes en la familia de la mujer (hasta 24 semanas).
- Llevar a cabo la maternidad comporta para la vida de la mujer encinta un riesgo mayor.
- Existe alto riesgo de que el niño nazca con anomalías físicas o mentales que harían del niño un mutilado o deficiente grave.

Aunque distanciados temporalmente, es posible dialogar estos planteamientos con los principios de la bioética del siglo XX. Para ello, nos basaremos en el respeto fundamental a la vida, pues si no se considera la ética en los argumentos, es inevitable caer en una postura dependiente por completo de un juicio personal:

1. Principios de no maleficencia y beneficencia, basado en el juramento hipocrático "ante todo no hacer daño", dado que el deber de no dañar es más obligatorio e imperativo que el de beneficencia. En cambio, el principio de beneficencia

[57] Debe resaltarse que el Código Penal de 1929 no reguló el aborto procurado, ni su consentimiento, ni sus móviles de honor o si carecía de ellos; no obstante, los móviles de honor están previstos en relación con el infanticidio. Cfr. Richard Heller. *et al.*,"Desarrollo de capacidad de salud pública". *Bulletin of the World Health Organization* (1 de noviembre, 2017) [En línea]: https://www.scielosp.org/article/bwho/2007.v85n12/930-934 [Consulta: 20 de junio, 2019].

[58] Cfr. Carlos Vidal, "Aborto en Europa", *Congreso de los Diputados* (21 de junio, 2009), p. 6 [En línea]: https://aborto.cc/wp-content/uploads/2009/12/vidalelabortoenEuropa.pdf, Madrid [Consulta: 12 de mayo, 2019] [Ponencia].

[59] Cfr. Queen's Printer and Controller of HMSO 2008 [En línea]: https://www.nhs.uk/translationspanish/Documents/Abortion_Spanish_FINAL.pdf. [Consultado: 3 de marzo, 2019]

es hacer el bien, cumplir con las obligaciones del médico ante el paciente y minimizar los posibles riesgos.[60] En caso de entrar en conflicto madre e hijo, este principio no es suficiente, pues hay casos que requieren quitar la vida a uno para que viva el otro.

2. Principio de autonomía que trata acerca de la capacidad de decisión del paciente en cuanto al respeto a sus propias convicciones, opciones y elecciones, las cuales deben ser protegidas, incluso de forma especial, por el hecho de estar enfermo.[61] Esto da pie al consentimiento informado del paciente sin coacción alguna y con la capacidad de autodeterminación del individuo. El bebé no puede tomar decisiones; así, este principio resulta insuficiente, pues el individuo queda desprotegido por la ley.

3. Principio de justicia que busca "darle a cada uno su derecho" en el tratamiento sin excepciones ni discriminación. De esa forma, es necesario determinar cuál es el derecho de la madre y cuál es el derecho del niño, para que se aplique la justicia.[62]

Si bien los puntos anteriores están basados en ciertos parámetros que suponen ser garantes morales, éticos y jurídicos: "Los tres principios siguen procedimientos prácticos: la beneficencia lleva a una evaluación de los beneficios y riesgos; la autonomía conduce a la percepción de si existe un verdadero consentimiento informado; la justicia lleva a una selección equitativa de los sujetos";[63] podemos observar que resultan insuficientes.

Ante los hechos médicos y los avances científicos, es necesario retomar los principios para no atentar en contra de la dignidad de ningún ser humano, pero fortaleciéndolos con una base metafísica y antropológica. Ni la Iglesia ni el derecho deben pasar por alto a la

60 Cfr. Javier Gafo, *10 palabras clave en la bioética*, Navarra, Editorial Verbo Divino, 1998, pp. 24-26.
61 *Ibidem*, p. 27-31.
62 *Ibidem*, pp. 31-32.
63 *Ídem*.

persona en tanto su proceso vital, no pueden estar sobre ningún ser humano, incluso si su estado de salud es vulnerable.

De igual modo sucede con la bioética, si no se respalda con los principios estudiados por la ética, termina cayendo en formalismos que varían según el beneficio de los involucrados. Para ampliar esta idea, observemos los siguientes conceptos que serán eje en este trabajo:

- Actos humanos que son los ejecutados consciente y libremente, es decir, en un nivel racional, con pleno conocimiento y consentimiento. Estas acciones se hacen por un fin, y en último término, subjetivamente, por la felicidad. A estas acciones dependientes de una voluntad que ya ha deliberado las opciones, se llaman actos humanos y caen en el campo de la filosofía moral, el de hacer el bien o el mal.[64]
- Actos del hombre que son los carentes conciencia y libertad, o de ambas cosas. Sólo pertenecen al hombre pues él los ha ejecutado, pero no son propiamente humanos, debido a que su origen es biológico. Estos actos carecen de moral, por lo tanto, no pueden juzgarse éticamente, pero sí en el ámbito de la salud. También se les puede llamar naturales, como es el caso de las operaciones del alma vegetativa y los actos involuntarios –respirar, digerir, circulación de la sangre, reflejos, etcétera–.[65]

Una vez establecida la diferencia entre un acto humano y uno del hombre, es posible aproximarse a cómo se llega a deliberar la moralidad de aquellos actos libres. Para empezar, respecto al juicio sobre la bondad o maldad de un acto, se han de considerar estas ideas:

"Por eso, se llaman circunstancias las condiciones extrínsecas a la sustancia del acto, que afectan de algún modo al acto humano. Pero se llama accidente de una cosa a lo que, siendo exterior a su sustancia,

64 Santo Tomás de Aquino, *Suma Teológica I-II*, q.1, a.1.
65 *Ibidem*, q. 6.

la afecta realmente. Por consiguiente, a las circunstancias de los actos humanos hay que llamarlas accidentes de los mismos".[66]

Se requiere, finalmente, que sea recta la intención de los contendientes; es decir, una intención encaminada a promover el bien o a evitar el mal. Por eso escribe igualmente San Agustín en el libro De verbis Domini:

> Entre los verdaderos adoradores de Dios, las mismas guerras son pacíficas, pues se promueven no por codicia o crueldad, sino por deseo de paz, para frenar a los malos y favorecer a los buenos. Puede, sin embargo, acontecer que, siendo legítima la autoridad de quien declara la guerra y justa también la causa, resulte, no obstante, ilícita por la mala intención.[67]

Con el fin de determinar estas acciones como buenas o malas, es necesario recurrir a la ciencia que estudia la moralidad de los actos humanos: la ética, considerada como criterio objetivo, es decir, la ley natural moral. Se vuelve imprescindible un acercamiento desde esta área, pues los supuestos jurídicos siguen dependiendo de la postura personal de quien los juzgue y no desde la naturaleza del acto mismo según las situaciones presentadas.

Al acercarnos a los actos desde la ética, hay que considerar que pueden ser de doble efecto o voluntario indirecto. En ese sentido, el acto voluntario indirecto sucede cuando a una acción, además del efecto que se persigue de modo directo con ella, le sigue otro efecto adicional no pretendido, pero sí tolerado por venir unido al primero.[68]

Por ejemplo: una persona a punto de dar a luz se está desangrando debido a que el bebé tiene el cordón umbilical en el cuello, por lo que es necesario realizar una cesárea para intentar salvar a ambos. El médico busca salvar a los dos, con el riesgo de que uno o ambos pacientes mueran:

> Es lícito matar al malhechor en cuanto se ordena a la salud de toda la comunidad, y, en consecuencia, el realizarlo le compete sólo a aquel a quien esté confiado el cuidado de conservar la comuni-

[66] Santo Tomás de Aquino, *Suma Teológica I-II*, q.1, a.1.

[67] Santo Tomás de Aquino, *Suma Teológica I-II*, c. 40, a. 1, respondo.

[68] *Ibidem*, q. 64. a. 7.

dad, igual que al médico le compete amputar el miembro podrido cuando le fuera encomendada la curación de todo el cuerpo. Pero el cuidado del bien común está confiado a los príncipes, que tienen la autoridad pública. Por consiguiente, solamente a éstos es lícito matar a los malhechores; en cambio, no lo es a las personas particulares.[69]

Es importante señalar que una acción con dos efectos, uno bueno o voluntario directo y el otro malo o voluntario indirecto, es lícita sólo cuando reúnen determinadas condiciones:

- El objeto de la acción es bueno en sí mismo, o al menos indiferente.
- El efecto inmediato o primero producido es el bueno, y el malo sólo su consecuencia inevitable.
- El fin propuesto sea el bueno y su efecto bueno y el malo se tolera por la imposibilidad de separarlo del primero.
- Que haya un motivo proporcionado para realizar la acción.[70]

Al revisar estas condiciones, podemos extraer el principio básico para juzgar la moralidad: "una acción es buena si lo son sus tres elementos, objeto, fin y circunstancias buenas; para que el acto sea malo, basta que lo sea cualquiera de sus elementos. *Bonum ex integra causa, malum ex quocumque defectu*, el bien nace de la rectitud total, el mal de un sólo defecto".[71]

69 Santo Tomás de Aquino, *Suma Teológica I-II*, q.64. a. 3.

70 Universidad Fasta - Departamento De Formación Humanística, "Apunte sobre los actos humanos" [En línea]: https://www.ufasta.edu.ar/carteleravirtual/files/2016/03/Apunte-sobre-los-actos-humanos.pdf [Consulta: 17 de mayo, 2021].

71 Ídem. Cfr. Santo Tomás de Aquino, *Suma Teológica I-II*, q. 71. a. 6, respondo: "El pecado no es otra cosa que un acto humano malo. Mas que un acto sea humano, le viene por ser voluntario, según consta por lo dicho anteriormente (q.1 a.1): ya sea voluntario, como elícito de la voluntad; ya (lo sea) como imperado por la misma, cual los actos exteriores, bien del hablar, o del obrar. Y al acto humano le viene el ser malo por carecer de la debida medida. Ahora bien; toda medida de cualquier cosa se toma por referencia a una regla, de la cual, si se separa, se dice desarreglado. Mas la regla de la voluntad humana es doble: una próxima y homogénea, esto es, la misma razón humana; y otra, la regla primera, esto es, la ley eterna, que es como la razón de Dios".

Por otro lado, enunciamos los principios de Elio Sgreccia, aceptados por la comunidad bioeticista, nutrida también de la filosofía realista aplicada a la modernidad, los cuales desglosaremos a continuación:[72]

1. de defensa de la vida física,
2. de libertad y responsabilidad,
3. de totalidad o principio terapéutico,
4. de sociabilidad y subsidiaridad.

El primero de ellos, que refiere a la defensa de la vida física, sostiene que el hombre, al ser una unidad de cuerpo y alma, no puede reducirse a sólo un ámbito meramente físico o espiritual; en consecuencia, el derecho a la vida precede al de la salud, "por otra parte, está la obligación moral de defender y promover la salud para todos los seres humanos en proporción a sus necesidades".[73]

Ante los nuevos avances en la medicina y los costos económicos de estos cuidados, es necesario enfatizar que la salud no debe ponerse por encima de la vida, pues evidentemente sin esta última, la primera no existe: "La salud, valor subordinado y derivado de la vida, sea promovida para todos de manera proporcional a las necesidades de cada uno".[74] Traer esta reflexión es importante a la hora de promover la igualdad en la atención médica, sin importar la situación económica; ante todo está la dignidad de las personas a quienes se trata: "La defensa y promoción de la vida tiene su límite en la muerte, que forma parte de la vida; y la promoción de la salud tiene su límite en la enfermedad, que ha de ser curada, sanada y, en cualquier caso, ha de ser considerada desde una actitud activa incluso cuando fuera incurable".[75]

[72] Elio Sgreccia, *Manual de Bioética*, t.1, Madrid. BAC, 2014.
[73] *bidem*, p. 220.
[74] *Ibidem*, p.221.
[75] *Ibidem*, p. 222.

La medicina tiene límites como cualquier otra ciencia; su objeto material son los pacientes, quienes no pueden ser vistos como tal, sino como sujetos con cuerpo y alma, con derechos por el simple hecho de ser humanos, por lo que su tratamiento y trato debe ser conforme a la dignidad conferida.

En ese tenor, Sgreccia expone: "en el momento de la fecundación –esto es, de la penetración del espermatozoide en el óvulo–, los dos gametos de los padres forman una nueva entidad biológica, el cigoto, que lleva en sí un nuevo proyecto-programa individualizado, una nueva vida individual".[76] Esta entidad posee su propia individualidad de modo que, al ser biológicamente distinto a la madre, filosóficamente se le reconoce un estatuto ontológico distinto al de los progenitores, pues la unión substancial es su propio cuerpo y alma, así como su personalidad o acto existencial es independiente y autónomo. Por consiguiente, el aborto, como la interrupción voluntaria o involuntaria del embarazo, es, directa o indirectamente, la supresión de la vida del *nasciturus* o no nacido.[77]

El segundo principio bioético reconoce: "ante todo la libertad debe hacerse cargo responsablemente de la vida propia y de la ajena".[78] Los médicos deben dar los tratamientos adecuados a los pacientes, y éstos han de seguirlos, pues ambos deben procurar la salud: "Hay que tener siempre presente que la vida y la salud se han encomendado prioritariamente a la responsabilidad del paciente y que el médico no tiene sobre el paciente otros derechos superiores a los que el paciente tiene para consigo mismo".[79] El abuso no puede provenir de ninguna de las partes; el médico debe dar la información y tratamiento adecuado al paciente; a su vez, éste no ha de darle órdenes al profesional como si fuera un proveedor de servicios. Ambos buscan restaurar el bienestar y son responsables de ello.

Como se mencionó, el principio terapéutico, emparentado con el primero, refiere a que el humano, al ser una totalidad unificada de cuerpo y alma única e irrepetible, no puede reducirse a un

[76] *Ibidem*, p. 536.
[77] *Ibidem*, p. 597.
[78] *Ibidem*, p. 222.
[79] *Ibidem*, p. 223.

aspecto biológico y corpóreo, así como tampoco debe ser considerado sólo en la parte anímica y espiritual. Este fundamento tiene diferentes aplicaciones de acuerdo con los tipos de actos aludidos anteriormente, voluntario indirecto o doble efecto:[80]

- Se trata de una intervención sobre la parte enferma o la causa directa del mal para salvar al organismo sano. Es decir, que la acción sea buena en sí misma, o al menos indiferente como lo establece el primer caso de voluntario indirecto.
- No existen otras maneras o medios para evitar la enfermedad. El efecto inmediato o primero sea el bueno, y el malo sea sólo su consecuencia necesaria.
- Hay una buena posibilidad de éxito, proporcionalmente alta, además de un motivo proporcionado para permitir el efecto malo.
- Se da con el consentimiento del paciente, y proponiéndose el fin bueno.[81]

Todo lo anterior apela a salvaguardar la integridad física de la persona, sin preponderar una parte sobre la otra. De esta manera, los tratamientos terapéutico y quirúrgico deben ser responsables y mantener un manejo de la información correcto sobre lo que pasa, con el fin de comunicarlo adecuadamente al paciente y a sus familiares, sin caer en desproporciones.

El cuarto fundamento bioético de Sgreccia refiere a la sociabilidad y subsidiaridad: "El principio de sociabilidad obliga a cada persona individual a realizarse a sí misma en su participación en la realización del bien de sus semejantes".[82] En ese sentido, el bien de la vida no puede ser sólo personal, sino también comunitario, y por tanto, como todos hemos de procurar el bien compartido, somos responsables de la salud de otros.

---

80 *Ibidem*, p. 224.

81 Santo Tomás de Aquino, *Suma Teológica I-II*, q. 64. a. 7.

82 Elio Sgreccia, *Manual de Bioética*, p. 226.

A lo largo de estos apartados, mi propósito ha sido explicar a grandes rasgos el aborto y el origen de sus leyes en su dimensión diacrónica; asimismo, también he ahondado en la postura bioética desde sus principios, con base en la ética realista, para comprender e ilustrar el origen de la argumentación expuesta inicialmente a favor del aborto e infanticidio en la actualidad.

1.2.2 Razones para permitir el aborto

Giubilini y Minerva proponen el aborto antes y después del nacimiento frente a situaciones donde las severas anormalidades de los fetos o el riesgo a la salud física y/o psicológica de la mujer son elementos suficientes y válidos para practicarlo.[83] Sin embargo, aun en las circunstancias de riesgo, el feto y la madre frecuentemente se encuentran relacionados, de modo que, aplicando los conceptos expuestos anteriormente, podemos observar su unión por el principio de doble efecto o voluntario indirecto. Los autores pretenden hacer un ejercicio lógico ante el estado de la moralidad del aborto: "Tener un hijo puede ser por sí mismo una carga insufrible para la salud psicológica de la mujer y de los hijos ya existentes, sin tomar en cuenta la condición del feto [...] o cuando una mujer es abandonada por su pareja cuando se entera que está embarazada y siente que no va a ser capaz de cuidar al posible niño sola".[84]

Bajo esa tesis, las razones por las que se permite abortar, enfermedades, responsabilidad en el cuidado y capacidades tanto económicas como espirituales de los padres, también pueden servir para justificar el infanticidio, o como lo llaman los autores: "el aborto después de nacer". Así, no hay una diferencia moral entre el feto y el recién nacido, al no tener un estatus moral ni capacidad para tener una proyección a futuro, ni muestra conciencia de sí mismo para ser considerado un hombre completo. Éste ha sido el fundamento por el que el aborto se ha aplicado ante ambas situaciones, pues si el niño es una carga para la madre, no puede ser mantenido y tiene

[83] Cfr. Alberto Giubilini, Francesca Minerva, "After-birth abortion...", p. 1.

[84] *Ídem.*

enfermedades tanto físicas como mentales, no va a poder contar con una calidad de vida apropiada.

Actualmente, cuestiones psicológicas forman parte del estudio del hombre, en tanto éstas determinan y sugestionan a las personas a tomar ciertos cursos de acción. Si bien el estado mental de los padres es de gran importancia para el desarrollo y crianza de los nuevos seres que forman o formarán parte de la familia, es evidente que no puede ser un determinante para valorar una vida, pues finalmente es una subjetividad que puede ser tratada con ayuda de expertos.

En ese sentido, el aborto no puede tomarse absolutamente como un acto de defensa propia ante una invasión que limita la libertad y los derechos de la madre, pues la constante no es que el feto sea un riesgo que pueda afectar y comprometer la vida de la mujer o causar la muerte de ambos.

1.3 Aborto después del parto

Según Giubilini y Minerva, existen casos de enfermedades en los infantes que no fueron detectadas durante el embarazo, ya sea por ser congénitas o bien, por la falta de los estudios apropiados, tales como el síndrome de Down: "Cuando estos niños nacen, no hay otra opción para los padres más que quedarse con el niño, lo que es exactamente lo que no hubieran hecho si la enfermedad se hubiera diagnosticado antes del nacimiento".[85]

Andrew McGee, en respuesta al artículo, se pregunta acerca de la postura moral que establecen para el infanticidio y no para el aborto, y sostiene que no hay diferencia moralmente relevante entre las capacidades del feto y del recién nacido, salvo las que obligan a las entidades –estar dentro o fuera del vientre materno –. Es decir, ninguno puede advertir lo que hay a su alrededor como existente y con un futuro, por lo que no tendrían un proyecto de vida.[86]

[85] Alberto Giubilini, Francesca Minerva, "After-birth abortion…", p. 1.

[86] Andrew McGee, "The moral status of babies". *Journal of Medical Ethics*, 39, 5 (mayo, 2013), p. 345.

Siguiendo el hilo de la reflexión, estas condiciones que distinguen a los seres humanos de los animales sólo son alcanzadas en la madurez: "La única capacidad para tener metas a largo plazo y proyectos confiere a las personas sus derechos y responsabilidades, y la frustración de aquellos planes y proyectos sería con la muerte".[87] Al no tener planes a futuro, los fetos y recién nacidos no podrían considerarse aptos para hacer un juicio moral acerca de su existencia; sin embargo, tienen metas a corto plazo, ejemplo de ello son sus deseos de satisfacer las necesidades básicas.

McGee señala que distintos filósofos han propuesto la eutanasia a los niños con anormalidades severas, cuyas existencias se estima que no valdrán la pena a causa del dolor.[88] En Holanda, el Protocolo Groningen permite terminar la vida de los niños con un pronóstico sin esperanza alguna, lo cual se interpreta por padres y médicos como un sufrimiento insoportable. Según dicho proyecto, hay condiciones pediátricas que justifican el aborto como remedio ante una enfermedad y pueden dividirse en tres grupos:

1. Los niños que no tienen ninguna posibilidad de sobrevivir y morirán poco después del parto, a pesar del cuidado óptimo con los métodos disponibles de la localidad. Se contemplan enfermedades como la hipoplasia de pulmón o riñón.

2. Los niños que tienen un pronóstico muy pobre y son dependientes de cuidados intensivos. Estos pacientes pueden sobrevivir después de un arduo periodo de tratamientos, pero las expectativas de vida respecto a su condición futura son muy pocas. Tienen severas anomalías cerebrales o daños en órganos causados por hipoxemia extrema; aun si pueden salir del periodo de atención intensiva, hay una prognosis pobre y una baja calidad de vida.

[87] *Ídem*, p. 345.

[88] Alberto Giubilini, Francesca Minerva, "After-birth abortion...", p. 1.

3. La prognosis desesperanzadora en los niños es experimentada por los padres y los médicos como insufrible. Aunque la dificultad no define algo determinado, este grupo incluye a pacientes que no dependen del tratamiento médico intensivo, pero tienen poca calidad de vida, asociada a un sufrimiento prolongado. Por ejemplo, niños con espina bífida tendrán una pobre calidad de vida, incluso después de varias operaciones. Al igual, infantes que han sobrevivido gracias al cuidado, pero no hay esperanza de mejora.[89]

En resumen, dicha propuesta emplea ejemplos donde no es posible seguir adelante con la vida, pues las condiciones adversas se agravarían con el paso del tiempo. Dentro de éstas, los autores hablan de cualquier tipo de discapacidad o enfermedad que, sin ser agravante, es suficiente para justificar el asesinato.

A pesar de haber un centro que "permita" esto, considero erróneo el enfoque de Giubilini y Minerva. La viñeta de la que se valen aplica más bien a la eutanasia y no para argumentar a favor del aborto; un lugar donde se atienden a los niños cuya enfermedad no responde a tratamientos y, en consecuencia, se les va preparando para muerte, pues así se disminuiría el sufrimiento que conllevan con la enfermedad.

En los diagnósticos tratados, como en el caso del síndrome de Down, muestran que la calidad de vida, en términos de salud, es inferior en un niño enfermo que en uno "normal". Sin embargo, la vida humana no puede reducirse a un aspecto, pues hay más donde se desarrolla plenamente. En ese sentido, aunque las personas tengan una enfermedad o sean afectadas por ella, también pueden ser felices.

Si bien es cierto que "se reportan mayores dificultades que una persona sin síndrome de Down para alcanzar lo que buscan",[90] esta condición no exime de tener una vida de valor. Tanto Giubilini y

[89] Pieter Sauer, Eduard Verhagen, "The Groningen Protocol — Euthanasia in Severely Ill Newborns". *The England Journal of Medicine*, 35, 2 (10 de marzo, 2005), pp. 959-962 [En línea]: https://www.nejm.org/doi/full/10.1056/nejmp058026 [Consulta: 26 de junio, 2019].

[90] Alberto Giubilini, Francesca Minerva, "Clarifications...", p. 264.

Minerva refieren al tema de dicho síndrome como una de las enfermedades citadas por el Protocolo Groningen,[91] sin embargo, no requiere de tratamientos intensivos como lo propone su documento para justificar el aborto: "En mucho depende de la situación económica y social familiar más que en la discapacidad misma. Un niño con discapacidad puede crecer en un ambiente adecuado, donde la familia tenga los medios para apoyarlo en no tener una peor vida, sino una mejor que un niño sano, criado en un contexto socioeconómico extremadamente pobre, peligroso u hostil".[92]

De este modo, exponen que, más allá de una discapacidad, las decisiones para abortar se toman con base en las posibilidades de la situación familiar para poder ser atendido; esto bajo la excusa de "ver lo mejor para el niño", cuya vida es arrebatada por intereses subjetivos: "Si la familia es muy pobre o se encuentra en una situación de desventaja, una pequeña discapacidad puede tener una efecto negativo a sus miembros de manera dramática".[93] Tales hechos parecen tener un mayor peso en la toma de decisiones de las familias, pues se considera el recibimiento de una nueva vida como un mero cálculo o conjunto de gastos, en lugar de lo que es: un ser humano con actos y potencias, como se verá más adelante.

La argumentación cae en una perspectiva utilitarista, en tanto que justifica el aborto e infanticidio con base en la carencia de medios

[91] "Ante los problemas que presenta esta discriminación de enfermedades surgen las siguientes observaciones: 1) está dirigido principalmente a niños nacidos con espina bífida, muchos de los cuales podrían tener vidas satisfactorias; 2) no distingue con precisión entre niños cuyo pronóstico de muerte es cierto y aquellos que podrían continuar viviendo; 3) permite a los padres cometer infanticidio como un medio para soslayar el cuidado de sus hijos que podría ser dificultoso para ellos; 4) permite a los médicos decidir cuándo una vida tiene calidad suficiente para ser vivida; 5) permite a los médicos determinar la moralidad de sus propias acciones; 6) da una respuesta técnica al problema de medir el sufrimiento subjetivo; 7) condona el infanticidio más que prevenir la espina bífida o permitir detectarla intrínsecamente para terminar con la vida del niño por el aborto; 8) ofrece un criterio incoherente para defender si es ético terminar con la vida de un niño que sufre". Cfr. Eduard Verhagen, "El Protocolo de Groningen para la eutanasia neonatal: ¿Hacia dónde se inclina la pendiente resbaladiza?". *Journal of Medical Ethics*, 39, 5 (mayo, 2013), pp. 293-295 [En línea]: http://www.condignidad.org/protocolo-groningen.html [Consulta: 6 de julio, 2019].

[92] Alberto Giubilini, Francesca Minerva, "Clarifications…", p. 264-265.

[93] *Ídem*.

para mantener una vida[94] Demuestra una visión pobre de qué es ser persona, a quien parece considerar sólo cuando ya está desarrollada, sin respetar el tiempo de maduración del individuo. A propósito de ello, es preciso tomar a Aristóteles, pues habla de dicho proceso: "Ocurre en general que lo último que se forma es lo primero en faltar, y lo primero, lo último, como sí la naturaleza volviera al punto de partida invirtiendo la dirección de la marcha hacia el principio de donde partió. Efectivamente, la generación va del no ser al ser, y la destrucción, al contrario, del ser al no ser".[95]

Esta postura coincide con la embriología que considera cada parte es esencial para la formación del hombre, siempre que estén las condiciones adecuadas para su actualización, y no por eso es posible abortar, por la apariencia de "lo que falta" descartando lo que "ya es". En ese tenor, suscribo que el cigoto ya es una persona con un cariotipo humano completo.

Para contribuir al debate, observemos ahora otra de las fallas argumentativas de Giubilini y Minerva: "El hecho de que un feto tiene la potencia de convertirse en una persona que tendrá (al menos) una vida aceptable no es razón suficiente para prohibir el aborto. A esto, argumentamos que cuando las circunstancias ocurren después del nacimiento de tal modo que justifican el aborto, a lo que llamamos aborto después de nacer".[96]

Según el artículo, el cambio de término para después de nacer no sería infanticidio, pues "[...] se toma en cuenta el énfasis moral del individuo que se mata es comparable con un feto más que a un niño".[97] Así, el recién nacido no tendría diferencia con el feto más que haber

[94] Bentham señala: "Uno debe realizar una acción si y sólo si maximiza la utilidad", aunque podría plantearse así: "Entre los actos permisibles, el mejor es aquel que maximiza la utilidad"; sin embargo, en vez de emplear cálculos utilitarios para medir ya sea en cualquier acción como bueno o malo, tales cálculos podrían ser útiles en algunos contextos para escoger la mejor opción dentro del rango de las acciones permitidas, por ejemplo: "ir a quimioterapia o no". El resultado no sería que el mejor acto es obligatorio, sino que, dentro del rango de los actos permisibles, el de mayor utilidad es el más prudente o virtuoso o alabable. Esto justifica lo que los médicos llaman "calidad de vida". Sin embargo, esto presupone que ya se utilizan otros principios no utilitarios para juzgar qué actos son permisibles.

[95] Aristóteles, *Reproducción de los animales,* Madrid, Gredos, 1997, 741b.

[96] Alberto Giubilini, Francesca Minerva, "After-birth abortion...", p. 2.

[97] *Ídem.*

nacido, por lo cual, la decisión de matarlo es igual a la que se haría como si estuviera dentro de la madre. Por consiguiente, tampoco se le puede llamar eutanasia debido a que "el mayor interés de quien muere no es necesariamente el primer criterio para la elección".[98]

Es claro que el aborto no busca el bien de quien va a ser asesinado, sin embargo, en dicho planteamiento ni siquiera se le considera persona, por lo que no podría hablarse de aborto. En la búsqueda de estos autores por la precisión en el lenguaje, se logra más bien una distorsión para determinar lo más óptimo en la eliminación de una vida no deseada, basada en los problemas de salud física y psicológica, de sí mismo y sus familiares. Si adoptamos una visión materialista y utilitarista, estas razones serían un impedimento, pero al hombre no se le puede reducir a un aspecto, sino debe ser considerado como un todo, más allá de lo material.

Los embriones y recién nacidos no pueden ser tomados de manera distinta a los hombres, como si se trataran de otra especie inferior desechable;[99] además, resulta imposible partir de ese punto, dos especies diferentes no pueden unirse con vías a reproducirse, ni siquiera son compatibles.[100]

Uno de los principales problemas a los que se enfrenta este trabajo es desenmarañar la concepción que se tiene del hombre en las distintas posturas sobre el aborto, para cumplir con el objetivo de sostener, como profundizaré más adelante, que desde la concepción se trata de un ser humano en acto:

> A diferencia del caso para la muerte de una persona que ya existe, impedir el nacimiento a una persona en la existencia (la madre) no impide a nadie de cumplir con sus metas futuras [...] si la muerte de un recién nacido no es considerada mala para ella en cuanto a que no se ha formado ninguna expectativa que le impida cumplirla, entonces debería ser permitido practicar un aborto-post-nacimiento en un recién nacido sano, dado que no tiene ningún plan todavía.[101]

---

98 *Ídem.*

99 Andrew McGee, "The moral status...", p. 345.

100 Jack Wilson, *Biological Individuality: The identity and persistance of living entities*, Cambridge, Cambridge University Press, 1990, p. 60.

101 Alberto Giubilini, Francesca Minerva, "After-birth abortion...", p. 2.

No es precisa la idea de que no poseen un proyecto definido o determinado; más bien los fetos y recién nacidos tienen como meta sobrevivir día con día hasta ser capaces de fortalecer sus funciones, las cuales operan debidamente para mantener la vida. Al declarar que existe una diferencia entre los embriones y recién nacidos, terminan apelando al criterio de la madre, según su apego emocional, en lugar de su razonamiento libre: "Un fallo moral común es actuar desde la emoción más que en la consideración de razonamientos".[102] De esa manera, se va reduciendo la elección de mantener con vida a un ser humano según el parecer o disposición en la que se encuentran los padres, o bien dependiendo de determinados lazos emocionales.[103]

Recapitulemos las razones que Giubilini y Minerva dan para justificar el aborto:

- El estatus moral de un niño es equivalente al de un feto, esto es, que no puede ser considerado persona en un sentido moralmente relevante.
- No es posible lastimar a una recién nacido al prevenir que se desarrolle el potencial de ser una persona en un sentido moralmente relevante.[104]

La falta de integración de elementos biológicos, metafísicos y antropológicos muestra que el aborto, incluso después de nacer, sería posible si se reduce al hombre a un mero ser en la especie. Si bien se trata de un ensayo lógico, es necesario contar con todas las bases para no suponer o dejar fuera elementos indispensables para un buen ejercicio.

De acuerdo con su argumentación, el feto es un ser en potencia, por lo que no es una persona como tal; sin embargo, de manera contraria, las definiciones que dan del aborto-post-nacimiento indican que ya están considerándolo una persona, por lo cual se le privaría de la vida y se atentaría contra el individuo, su movimiento y su unidad. De este modo, lo que denominan una menor escala o tipo,

[102] Andrew McGee,"The moral status...", p. 347.
[103] Cfr. Peter Singer, *Practical Ethics*, citado por Andrew McGee, "The moral status...", p. 347.
[104] Alberto Giubilini, Francesca Minerva, "After-birth abortion...", p. 2.

es ya un hombre en acto, con el protagonismo de su propia historia y un futuro desarrollándose. Desecharlo por la "calidad de vida", dentro de la madre, o fuera de ella, es circunstancial, pues los problemas que surjan, la situación económica y el afecto de los padres, si bien de gran importancia, son accidentales al ser humano, es decir, complementos de la sustancia.

Por otro lado, toman las razones que comúnmente escuchan de quienes abortan: "Todas las decisiones importantes que hacemos [...] son el resultado de pensar arduamente acerca de los principios que nos informan nuestra vida y de las consecuencias propias y para todos aquellos involucrados".[105] Es así que, entre más esté en juego, se habrá de pensar mucho más en el modo de proceder; este es el caso de quienes eligen abortar debido a las consecuencias que conlleva. Lo mismo podríamos decir de las acciones anteriores al embarazo, como mantener relaciones sexuales por el mero hecho del placer, lo cual lleva a una intención desviada del acto mismo realizado.

Declaran que el propósito de su artículo es evidenciar las conclusiones implícitas en el tema, así como exponer el contexto socioeconómico de las familias, pues "[...] tales circunstancias tienen peso en la decisión concerniente en la terminación de una vida antes de nacer, suponemos que estas decisiones importan también después de nacido".[106] Pretendían elaborar un símil entre el feto y el recién nacido como si estuvieran en las mismas circunstancias; sin embargo, su ejercicio se cae, pues el aborto es necesariamente dentro de la madre y no fuera de ella, por lo que una vez nacido, se llamaría infanticidio.

Tomando en cuenta lo anterior, si acaso, se podría hallar un mérito involuntario en su ensayo: el reconocimiento de que se nace siendo persona.

[105] Alberto Giubilini, Francesca Minerva, "Clarifications...", p. 264.
[106] *Ídem.*

CAPÍTULO 2
¿Qué es el hombre?: Corrientes de pensamiento que influyen en las posturas sobre el aborto

La argumentación a favor o en contra del aborto tiene su origen en distintos sistemas de pensamiento utilizados para determinar si el embrión o feto es un hombre o no. He trazado cuatro corrientes, a mi parecer indispensables, para comprender ambos polos y, a la vez, examinar el planteamiento de Giubilini y Minerva.

La concepción del hombre en la historia se ha visto influida por diversos puntos de vista acordes con la evolución del pensamiento filosófico de cada cultura y época. Sin embargo, la constante mantenida en la humanidad es que "todo hombre desea ser feliz", pues así podría llegar a la completud de su ser, esencia y existencia. Lo anterior implica que el sujeto ha de "conocerse a sí mismo" y para lograrlo, es necesario que busque la perfección en sus actos, con la meta de conseguir un bien ontológico y constitutivo objetivo, dando por efecto un gozo o deleite en la conquista de su fin. Dicho gozo se da individualmente, debido a la impresión que resulta de la perfección conquistada al conseguir la vida lograda o plenitud.

Aunque a primera vista el párrafo anterior poco pueda aportar antropológicamente a nuestro tema, resulta importante para justificar desde la filosofía el análisis de este trabajo sobre las definiciones atribuidas al "ser vivo más complejo de la naturaleza" con capacidad racional. Veremos que en ambas definiciones, hombre y persona humana, es donde permanece la diferencia específica del género y su consecución del fin en la búsqueda por la felicidad. Según cada postura propuesta, el fin del sujeto se verá alterado dependiendo de los medios para conseguir la plenitud.

A través de la historia se han tenido diversas aproximaciones a ambos conceptos. El hombre se ha visto como el ser extraordinario sin igual respecto al resto de los vivientes –que nacen, crecen, se reproducen y mueren–; pues es capaz de darse cuenta de sí mismo –tener conciencia–[1], y preguntarse el porqué de las cosas, todo esto para hallar un sentido de vida. No se pierde en la historia, sino se encuentra en ella, en su devenir ante la búsqueda de la verdad;[2] asimismo, puede conocerse y no sólo de manera teórica o racional, sino también desde la experiencia va entendiendo *quién es* dentro de un mundo lleno de *qué son*.

El hombre, en su búsqueda de la verdad, va de lo personal a lo social, del pasado al presente, trascendiendo en el tiempo, así como desde el tiempo trasciende. Se encuentra en la dualidad de lo finito y lo infinito, en medio de lo material y lo inmaterial, entre lo racional y lo irracional, la teoría y la práctica.

Comenzaré con la definición de la Antigüedad que continúa siendo la más aceptada. Aristóteles es quien por primera vez define al hombre conforme al género y diferencia específica, establece los principios por los cuales se le debe considerar como un todo según el hilemorfismo, y no reduciéndolo a sus partes. A su vez, Boecio, acotado posteriormente por Santo Tomás de Aquino, considera el aspecto Revelado, con lo cual da un paso más allá de la tradición filosófica griega del hombre; de esa forma, añade el concepto de individualidad, no sólo como parte de la especie, sino como individuo creado por Dios. Más tarde, John Locke aborda el tema según lo

---

1 "Las cosas -algunas sólo en acto, otras en potencia y en acto- son o un «esto» o una cantidad o una cualidad [...] Ahora bien, no hay movimiento fuera de las cosas, pues lo que cambia siempre cambia o sustancialmente o cuantitativamente o cualitativamente o localmente [...] por ejemplo, con respecto a un «esto», en su forma o su privación; con respecto a la cualidad, en lo blanco o lo negro; con respecto a la cantidad, en lo completo o lo incompleto; y de la misma manera con respecto al desplazamiento en el arriba o el abajo, lo pesado o lo ligero". Aristóteles, *Física*, Madrid, Gredos, 1995, 200b.

2 "La historia nos enseña que, de una manera u otra, las verdades racionales han encontrado siempre vías irracionales de difusión y prosperidad". Eduardo Nicol, *La idea del hombre*, México, Herder, 2004, p. 20.

que considera la operación racional y el ejercicio de la libertad, ofreciendo así una definición de la que se valen ciertos avances y descubrimientos científicos actuales que dan pie a la postura vigente a favor del aborto.[3]

Al hablar del hombre, debemos tomar en cuenta su doble composición, es decir, cuerpo y alma, física y espiritual, sin simplificarlo a uno solo de sus elementos.[4] Si no se parte de esta base, desde la perspectiva antigua hasta la moderna y sin importar el enfoque, se cae en reduccionismos que dejan de considerar al sujeto como un todo; en consecuencia, se trastocan las áreas de su desarrollo y desenvolvimiento social, político, biológico y espiritual. El tema es de vital importancia, pues no admitir la totalidad del hombre respalda ya no sólo el aborto, también acciones como la discriminación, experimentación, eutanasia, eugenesia y el genocidio.

2.1 Antigua Grecia

Para los griegos, existían dos tipos de hombres: por un lado, quienes eran libres, capaces de pertenecer a una *polis*, ciudad-Estado, y gobernarla; por otro, los esclavos que no formaban parte de esta organización y dependían de sus dueños. La diferencia no era únicamente accidental, sino que sustancialmente estaban separados; los primeros eran capaces de tomar las riendas de su propia vida, en cambio, los segundos debían ser dirigidos.[5]

A su vez, se consideraban más perfectos quienes se dedicaban a lo más puro, al saber como cultivo de la razón por encima del trabajo manual, que no requería de un uso de la naturaleza racional y, por

---

3 Cada pensador tiene antecedentes que utilizaré para explicar su contexto, pero sin adentrarme en sus sistemas filosóficos.

4 Aristóteles define el alma como principio de los vivientes por razón de la extensión: contribución notable al conjunto de la sabiduría, no sólo habla de los hombres sino de los vivientes. Basado en Anaxágoras, sostiene que el alma es general o es individual, movimiento del cosmos, y que no en todos está la prudencia. Cfr. Aristóteles, *Acerca del alma*, Madrid, Gredos, 1978, 420a1-5.

5 Cfr. Isaac Asimov, *Los griegos*, Madrid, Alianza, p.28.

ende, se veía como imperfecto. Todo aquel que procuraba el uso de razón era capaz de gobernarse tanto a sí mismo como a los demás.

Durante la época de Aristóteles en el siglo IV a.C., la sociedad griega estaba en la cúspide de su esplendor. Bajo la tiranía de Pericles, quien se encargó de promover las artes y la razón, surgieron también grandes personalidades como Sócrates, los sofistas, Aristófanes, Platón e Hipócrates. La influencia presocrática y los mitos, entre otros elementos, promovieron el saber, la ciencia e inteligencia como culmen de la humanidad.

2.1.1 Platón

Platón había planteado la superioridad de la especie humana con respecto a la del resto de los seres, dado que su alma, concebida como eterna, era perfecta por ser forma y no materia.[6] El hombre posee algo divino en él y el alma lo mantiene en busca de la perfección, a pesar de las pasiones y defectos del cuerpo que lo arrastran hacia lo más bajo: "[…] en realidad se da el revivir y los vivientes nacen de los muertos y las almas de los muertos perviven y para las buenas hay algo mejor, y algo peor para las malas".[7]

Por medio de mitos y alegorías, explica la inmortalidad del alma y su transcurso en la tierra, así como la vida lograda en el retorno al mundo de las Ideas. En boca de Sócrates, a través del mito de la auriga, trata acerca del origen del alma, cómo cae a la vida terrena y termina encerrada en el cuerpo, pero culmina su proceso al volver a la liberación de lo material, al mundo de las Ideas de donde partió inicialmente:[8]

6 "Y examinémoslo desde este punto: si acaso existen en el Hades las almas de las personas que han muerto o si no. Pues hay un antiguo relato del que nos hemos acordado, que dice que llegan allí desde aquí, y que de nuevo regresan y que nacen de los difuntos. Pues, si eso es así que de nuevo nacen de los muertos los vivos, ¿qué otra cosa pasaría, sino que persistirían allí nuestras almas? Porque no podrían nacer de nuevo en ningún sitio de no existir, y eso es un testimonio suficiente de que ellas existen, si de verdad puede hacerse evidente que de ninguna otra parte nacen los vivos sino de los muertos". Platón, *Fedón*, Madrid, Gredos, 1988, 57a-b. 70d.

7 *Ibidem*, 72d.

8 Platón, *Fedro*, 246d- 248d.

> Toda alma es inmortal, porque está siempre en movimiento, se mueve a sí misma y es la causa de otro movimiento [...] es la esencia y la definición del alma, porque solo un cuerpo que tiene su fuente de movimiento en sí mismo es animado. Su naturaleza puede compararse con la fuerza unida de una biga alada de caballos y su auriga. Los caballos y el conductor de los dioses son buenos y de una estirpe, pero los demás están mezclados: uno de los caballos es bueno y el otro malo, proporcionando al conductor una ardua tarea. El alma atraviesa el universo, cuidándose de lo inanimado. Cuando es completa y alada, vuela en las alturas, pero, al perder sus alas, cae hasta que encuentra algo sólido, toma un cuerpo terrestre y se instala en él. Mediante su poder, el cuerpo parece moverse a sí mismo, y los dos juntos reciben el nombre de criatura mortal.[9]

Finalmente, en esta última etapa el hombre encuentra la realización de su peregrinaje por la vida, la cual se percibe como lograda cuando alcanza nuevamente la posesión de la verdad. Es así como el alma liberada retorna a su origen, y por tanto, a la felicidad plena.

Para Platón, la relación del cuerpo y el alma es meramente accidental, por ello, el hombre no es más que un alma preexistente al cuerpo; debe superar ciertas pruebas hasta lograr encontrar su retorno al origen. La unión de ambos componentes se da a causa de un accidente del alma por no permanecer en el mundo de las Ideas, y esa vuelta a la felicidad plena tiene que ver con las acciones realizadas, según el tipo de alma durante la vida terrena. Cabe señalar que él creía en la transmigración de las almas, sin embargo, este punto fue criticado por Aristóteles,[10] su alumno predilecto, quien objetó

---

9 *Ibidem*, 245c-246d.

10 "Si todos estos contrarios no se engendraran recíprocamente, girando, por así decirlo, en un círculo, y si no hubiera producción directa del uno al otro contrario, sin vuelta de este último al primero que lo había producido, verías que al final tendrían todas las cosas la misma figura, serían de la misma hechura y, por último, cesarían de nacer". Platón, *Fedón*, 72a. Sin embargo, su alumno señala: "No es menor la justicia con que reprende a Platón y sus discípulos, porque, a fuerza de atender únicamente al alma, sin considerar sus verdaderas relaciones con el cuerpo y las condiciones de su unión con éste, vinieron a caer en las fábulas de los pitagóricos (*secundum pythagoricas fabulas*), en orden a la transmigración de las almas. «Hi autem solum conantur dicere quale quid sit anima, de susceptivo autem corpore nihil amplius determinant; tanquam possibile sit, secundum pythagoricas fabulas, quamlibet animam quodlibet hábeas ingredi»". Aristóteles, *Acerca del alma*, Madrid, Gredos, 1978, 404a.

que no a cualquier alma le competía cualquier cuerpo, sino dependía de las funciones que necesitara realizar.[11]

2.1.2 Aristóteles

Hijo de un médico en la corte del rey macedonio Filipo, Aristóteles tuvo contacto con la ciencia empírica. Estudió en la Academia de Platón que influyó en gran medida en su filosofía y la manera de darle una explicación racional al cosmos y al ser humano.

Aristóteles examina el marco establecido por sus antepasados sobre el alma y el cuerpo, y concluye que los hombres son un compuesto de materia y forma, en donde el cuerpo es informado por el alma racional, la cual, además, cuenta con facultades determinadas que lo distinguen de los demás seres: "Ahora bien, entre los cuerpos naturales los hay que tienen vida (alma) y los hay que no la tienen; y solemos llamar vida a la autoalimentación, al crecimiento y al envejecimiento [...] ¿qué es el alma?, a saber, la entidad definitoria, esto es, la esencia de tal tipo de cuerpo [...] de un cuerpo natural de tal cualidad que posee en sí mismo el principio del movimiento y del reposo".[12]

El alma informa al cuerpo que la posee para realizar las funciones propias por naturaleza, de manera que el hombre no es su alma o su cuerpo, sino el compuesto de ambas. Para Aristóteles, el individuo se destruye con la muerte o cambio sustancial de dicha unión: "Acaso no es toda el alma principio del movimiento, ni todas las partes juntas, sino una, la que se da también en las plantas, es principio del crecimiento; otra, la sensitiva, es principio de la alteración; otra de la traslación, que no es la pensante, pues la traslación existe también en otros seres vivos, pero el razonamiento en ningún otro".[13]

Su filosofía distingue el tipo de ser que es el hombre frente a los demás seres vivos; lo define no sólo como un ciudadano, también lo eleva a una categoría superior por una capacidad racional y un alma que le viene de suyo por naturaleza: "Aristóteles define al hom-

---

[11] Cfr. David Jones, *The soul of the embryo...*, p. 79.

[12] Aristóteles, *Acerca del alma*, 412a.

[13] Aristóteles, *Partes de los animales*, Madrid, Gredos, 1983, 641b.

bre como un ser viviente dotado de alma racional; y al alma la define como la entelequia o el acto de un cuerpo natural que tiene la vida en potencia [...] el hombre es un ente que tiene la vida natural en acto, y la vida espiritual en potencia. Lo dado en él es el acto vital del cuerpo y la potencia de actuar espiritualmente".[14]

En su obra *De Animae,* Aristóteles define al hombre como "animal racional", planteamiento ya sostenido anteriormente por Platón en el *Fedón* y el *Fedro*. Este estudio realizado por el Estagirita tiene un método particular señalado en la *Física:* "Parte desde lo más evidente para nosotros a lo menos evidente en sí mismo",[15] hasta conocer al hombre como el ser supremo y reinante de la naturaleza dada su capacidad racional.[16]

Hemos rastreado el tema hasta este momento de la Antigüedad, con la intención de partir desde la naturaleza de nuestro objeto de estudio y llegar a lo esencial.

2.1.2.1 ¿Qué entiende Aristóteles por definición?

Comencemos este apartado con un planteamiento del artículo que hemos estado discutiendo: "Un problema filosófico surge cuando las mismas condiciones que habrían de justificar el aborto se conocen después de haber nacido. En tales casos, debemos atender los hechos en orden a la decisión si los mismos argumentos que se aplican para matar a un feto humano, también pueden ser considerados para matar a un recién nacido humano".[17]

La anterior aclaración, que pretende ser lógica, da por hecho algunos conceptos necesarios para conocer las cosas y defender si el feto es un hombre. Con el fin de arrojar una luz en esas fallas, me gustaría hacer una especulación en torno a lo propio de la definición

[14] Eduardo Nicol, *La idea del hombre...*, p. 31.

[15] Aristóteles, *Física*, 184a.

[16] Aclara los principios son distintos cuando son distintos los objetos esto puede referirse a la diferencia de los tres tipos de alma: vegetal, animal y humana. Busca establecer el género y su materia, sobre todo si es potencia o entelequia (esto puede llevar a lo que se entiende principalmente por naturaleza en la *Física* como principio de auto-movimiento y reposo). Cfr. Aristóteles, *Acerca del alma*, 402a 25.

[17] Alberto Giubilini, Francesca Minerva, "After-birth abortion...", p. 2

según Aristóteles. Este pensador sostiene que el conocimiento es abstraer la causa de algo para ser de tal modo, lo cual a su vez constituiría su esencia.[18] Ese "algo" es la esencia, como por ejemplo ver un eclipse –medio–, conocer su causa –relación–, y por ende su esencia.[19]

Cuando conocemos algo, iniciamos desde lo más familiar y posteriormente vamos a lo más difícil y menos familiar, hasta llegar a la cosa en sí.[20] Primero se hace consciente lo que sucede, esta manifestación puede involucrar la exhibición de la propia esencia –forma–, la cual abstraemos para hacerla nuestra por medio de la simple aprehensión. Sin embargo, para conocer las cosas, es necesario llegar a las causas que pueden ser evidentes por su físico o bien, no serlo por su ausencia.[21] El caso de lo evidente correspondería a la aritmética; lo físicamente no expuesto, salvo por sus efectos u operaciones, pertenece al alma. Las características, las causas y su esencia nos dan explicación de las cosas, respondiendo a: "¿qué existe?", pues nos damos cuenta de ello, y nos preguntamos su causa; "¿por qué existe?", cuestión que atiende al problema en general; "¿por qué sucede?", lo cual nos lleva a una disquisición concreta para tener el conocimiento de las cosas.[22] Más adelante veremos cómo estas interrogantes encuentran sus respuestas en el conocimiento de las cuatro causas.

---

[18] "En todas estas cuestiones es evidente que es lo mismo qué es y por qué es. -¿Qué es un eclipse? -Una privación de la luz de la luna por la interposición de la tierra. -¿Por qué es el eclipse, o por qué se eclipsa la luna? -Porque falta la luz al inter ponerse la tierra... En efecto, buscamos porque no lo percibimos, V.g.: en el caso del eclipse, si lo hay o no. En cambio, si estuviéramos sobre la luna, no indagaríamos si se produce ni por qué se produce, sino que «ambas cosas» serían patentes a la vez. En efecto, a partir de la percepción nacería también en nosotros el conocimiento de universal". Aristóteles, *Analíticos posteriores*, Madrid, Gredos, 1995, 90a 5-25.

[19] Cfr. Alan Gotthelf, James Lennox, *Philosophical issues in Aristotle's biology*, Cambridge, Cambridge University Press, 1987, p. 134-135.

[20] "La vía natural consiste en ir desde lo que es más cognoscible y más claro para nosotros hacia lo que es más claro y más cognoscible por naturaleza; porque lo cognoscible con respecto a nosotros no es lo mismo que lo cognoscible en sentido absoluto. Por eso tenemos que proceder de esta manera: desde lo que es menos claro por naturaleza, pero más claro para nosotros, a lo que es más claro y cognoscible por naturaleza". Aristóteles, *Física*, 184a.

[21] Cfr. Alan Gotthelf, James Lennox, *Philosophical issues...*, p. 140-142.

[22] "Conocer el «qué es» es lo mismo que conocer «por qué es», y esto, a su vez, simplemente y no como alguna de las cosas que no se dan o como una de las cosas que se dan, V.g.: «iguala» dos rectos, o mayor, o menor". Aristóteles, *Analíticos posteriores*, 90a.

> La definición lo es de lo *qué es* y de la entidad; las demostraciones, en cambio, parecen presuponer y dar por sentado todas el *qué es*. V.g.: las matemáticas «presuponen» qué es la entidad y qué es lo impar, y las demás «ciencias», de manera semejante. Además, toda demostración demuestra algo acerca de algo, V.g.: que es o que no es; en cambio, en la definición no se predica nada de otra cosa distinta, V.g.: ni animal acerca de bípedo ni esto acerca de animal y tampoco figura acerca de superficie: pues la superficie no es una figura, ni la figura una superficie. Además, una cosa es demostrar el qué es y otra el «hecho de» que es. Así, pues, la definición indica qué es «tal cosa», la demostración, en cambio, indica que tal cosa es o no es con relación a tal otra.[23]

La definición de los seres está marcada por su diferencia específica, la cual no está marcada por lo inferior, sino por lo que poseen y los hace superiores y distintos a otros de su mismo género; es por esto que se logran apartar de los demás con su formación final. La diferencia específica se encuentra de hecho, en acto; así, su distinción del resto del mismo género será según la actualización de sus potencias, como por ejemplo, tener cuatro patas.[24] La definición tiene a su vez la individualidad y unidad del ser que los separa de otros:

> De hecho, muchas funciones son iguales en muchos géneros que son distintos entre sí, como el sueño, la respiración, el crecimiento, la decadencia, la muerte [...] cada una de las funciones citadas existe tanto en los caballos, como en los perros o en los seres humanos [...] En cambio, puede haber otras funciones que tienen la misma denominación, pero se diferencian según la especie, como la locomoción de los animales que, ciertamente, no se presenta de modo unitario en la forma: difieren, pues, el vuelo, la natación, la marcha y la reptación. Por ello es preciso que no haya incertidumbre en cómo abordar la investigación, quiero decir si primero se debe hacer una observación común por géneros, y luego centrarse en las características específicas, o estudiar directamente cada especie por separado.[25]

---

23 Aristóteles, *Analíticos posteriores...*, 90b-91a.

24 Alan Gotthelf, James Lennox, *Philosophical issues...*, p. 73.

25 Aristóteles, *Partes de los animales...*, 639a-b.

Los seres se diferencian no por sus generalidades, por ejemplo, tener alas, pico, plumas, patas, sino por los aspectos específicos con los que se compone la unidad de su ser, tales como accidentes o características, los cuales a su vez, se vuelven esenciales en su ser, es decir, específicamente distintos: largo de las patas, tipos de alas, el pico grueso o delgado, etcétera. No se trata de privaciones o de accidentes que no modifican un modo del ser, sino el todo para cumplir su fin.[26] La biología, al igual que la lógica y la metafísica, estudia de manera total y atendiendo a cada una de sus diferencias finales:

> Es necesario en este caso que cada diferencia se dé en una de las especies particulares, y consecuentemente igual la diferencia contraria [...] De modo que es necesario que, si las diferencias en las que entran todos los individuos son específicas de ellos, ninguna sea común. Si no, seres distintos irán en la misma diferencia. Es preciso que una especie única e indivisible no vaya de una a otra la diferencia de las divisiones, ni seres diferentes a la misma división, y que todos los animales aparezcan en estas divisiones.[27]

La diferencia específica es lo que nos ayuda a terminar de discernir sin confusión alguna, entre todos los seres existentes, a ese que nos referimos. Hay quienes llegan a definir las cosas por medio de una diferencia específica negativa, dada por privación o por accidente, pero esto nunca llega a ser un defecto del ser, sino una cualidad positiva que lo distingue. En ese caso, no se determina al hombre como "ser animal" entendido como bestia, más bien "ser racional" con movimiento –animado–. El ser animal en la definición de hombre es algo propio de él mismo, según su movimiento específico, por ello, es imposible reducirlo a una bestia; no partimos del alma sensitiva para ser racionales, por el contrario, la racionalidad y su movimiento perfecto lo hace superior al resto de los seres animados.

De este modo, la definición aristotélica busca comprender y expresar al ser sin confusiones ni ambigüedades. Ahora, intentaré aplicar estos principios en el texto de Giubilini y Minerva donde

---

[26] Alan Gotthelf, James Lennox, *Philosophical issues...*, p. 74-78.

[27] Aristóteles, *Partes de los animales*, 642b-643a.

establecen una definición del feto y el recién nacido como seres que "carecen de propiedades que justifican la atribución del derecho a la vida de un individuo".[28]

Clasifican al embrión como un ser humano y persona potencial, pero no como una persona hecha, es decir, en acto, y mucho menos con "derecho moral a la vida", esto es "un sujeto quien es capaz de atribuir su propia existencia total o parcialmente ante el valor básico que pueda representarse una pérdida para sí mismo [...]".[29] Así, consideran que el feto no es aún persona por no atribuirse a sí mismo valor; sin embargo, veámoslo a la luz de Aristóteles, quien, al hablar de los animales, menciona el elemento con lo que podemos contradecir dicho argumento a favor del aborto, carente de consideraciones sobre la racionalidad humana: "Este mismo orden se da, de hecho, también en la arquitectura, puesto que la forma de la casa es de determinado tipo o la casa es de determinada forma porque se hace así. El proceso de formación se produce, pues, para la existencia, pero no la existencia para el proceso".[30]

Desde su inicio, las cosas son de determinada manera, lo que ya mencionamos como *esencia* o *modo de ser*; por ello, no es posible *ser algo* sin determinarlo específicamente aún sin estar completamente *hecho*, ya que no existe la pura potencia y esperar a verlo como producto terminado. Este planteamiento del artículo se resuelve con el de Aristóteles de la anterioridad del acto sobre la potencia, la cual nos lleva al movimiento. De esa manera, existen seres con un movimiento intrínseco, es decir, lo hacen por sí solos, los llamamos animados y son los seres vivos.

2.1.2.2 Los seres animados

En el estudio de los animales siempre hay una medida similar en los de la misma especie, no obstante, en el humano hay contradicciones, es el único ser que escapa a ella, pues es capaz de ir contra la natura

[28] Alberto Giubilini, Francesca Minerva,"After-birth abortion...", p. 2.

[29] *Ídem.*

[30] Aristóteles, *Partes de los animales*, 640a.

leza. Más adelante ahondaremos un poco más en su definición para establecer un marco de comprensión cuando nos referimos a hombre.

> También los animales presentan las siguientes diferencias relativas al carácter. En efecto, unos son mansos, indolentes de caracteres y nada reacios, como el buey; otros son irascibles, obstinados y estúpidos, como el jabalí; otros prudentes y tímidos, como el ciervo y la liebre; otros viles y pérfidos, como las serpientes; otros nobles, bravos y bien nacidos, como el león; otros de buena raza, salvajes y pérfidos, como el lobo [...] Pero el hombre es el único animal capaz de reflexión. Muchos son los animales que poseen la facultad de la memoria y del aprendizaje; sin embargo, sólo el hombre es capaz de recordar.[31]

El hombre tiene la capacidad de hacer propio todo lo que está a su alrededor, sin perderse en lo que conoce. Ejemplo de ello es hacer una dieta, el suicidio, controlar el fuego, tener un lenguaje, o transformar el entorno.

Aristóteles menciona: "Los animales actúan con vistas a un fin común";[32] sin embargo, el hombre tiene la capacidad de desarrollarse en conjunto siendo un animal político por naturaleza, sin perder su propia identidad, de manera análoga a los animales que viven en sociedad y buscan un fin en común, a diferencia de los gregarios cuyo desarrollo es en solitario:

> Lo que existe para un fin puede entenderse de dos formas diferentes: una, aquello de donde proviene el movimiento; otra, aquello de lo que se sirve el fin, para esto es necesario que existan las siguientes condiciones:
>
> 1. alguna parte en la que resida el principio del movimiento (pues inmediatamente ésta es una parte del fin y la más importante),
>
> 2. que a continuación venga después de esto el todo y el fin,
>
> 3. las partes que sirven a éstos de instrumentos para ciertos usos.

---

[31] Aristóteles, *Investigación sobre los animales*, Madrid, Gredos, 1985, 448b; *Metafísica*, Madrid, Gredos, 1994, 980b.

[32] *Ibidem*, 448a.

> De modo que, si hay algo que es necesario que exista en los animales, algo tal que contenga el principio y el fin de toda su naturaleza, esto debe formarse en primer lugar: en tanto que motor, en primer lugar; y como parte del fin, debe formarse junto con el todo. Así que, de las partes que sirven de instrumento, todas las que son generadoras por naturaleza siempre deben existir con anterioridad (pues, como principio que son, existen con vistas a otra cosa); en cambio, todas las partes que no son generadoras, aunque existan con vistas a otra cosa, vienen después.[33]

La formación de todo ser es un conjunto de actualizaciones de potencias, y no por medio de la generación espontánea donde, de un momento a otro, surge algo de la nada y sin un fin. Tampoco se trata de un azar la formación de las cosas, sino ya está un fin al que se dirige el desarrollo de cada una de las partes para la plenitud de un ser en específico. Esto mismo sucede en la constitución de los hombres o animales sanguíneos, primero el corazón, luego lo demás sucesivamente: "La formación de las partes homogéneas se produce por efecto del frío y del calor, pues unas se condensan y solidifican con el frío y otras con el calor".[34]

El avance de la tecnología ha traído también la posibilidad de ahondar en temas biológicos, con lo cual se puede justificar que la individuación no es meramente retórica, pues filósofos y científicos del siglo XX han sido capaces de confirmar lo que Aristóteles exponía en sus obras biológicas.

En la naturaleza se encuentran patrones, independientemente de que no sean reconocidos por los hombres; los llamamos procesos naturales, es decir: "una serie de datos o números que son aleatorios si y sólo si la información requerida describe o transmite una serie incomprensible [...] si la serie no es aleatoria, tiene un patrón [...]".[35]

Es decir, los seres humanos son capaces de reconocer los patrones de la naturaleza y utilizarlos para informar de manera

---

33 Aristóteles, *Reproducción de los animales*, Madrid, Gredos, 1998, 742a-b.
34 *Íbidem*, 743a.
35 Daniel Dennett, citado por Jack Wilson, *Biological Individuality...*, p. 42.

conceptual lo que sucede con los fenómenos circundantes: "Pues lo que es en potencia no existirá por efecto de un motor que no posea la actividad, ni lo que posea la actividad producirá algo a partir de cualquier cosa; igual que el artesano no haría un cofre salvo con madera, y sin el carpintero tampoco existirá un cofre a partir de la madera".[36]

La causa primera de los seres también es el fin de las cosas, de esa manera, resulta imposible que algo surja del azar y sin un fin por tender. Por medio de la observación, el conocimiento humano encuentra una regularidad en la naturaleza a partir de los procesos con los que se realiza cada ser que se encuentra en ella. Asimismo, el hombre realiza acciones y modifica la naturaleza con base a un fin al cual tiende el proceso de creación de nuevos seres:

> De modo que es evidente que existe algo de tal tipo, a lo que precisamente llamamos naturaleza. En efecto, de cada germen no nace un ser al azar, sino este ser de este germen concreto, ni un germen al azar surge de cualquier cuerpo. El germen es, por tanto, principio y formador de lo que procede de él. Y esto sucede por naturaleza: nace, pues, naturalmente de él. Pero, de hecho, aún es anterior al germen el ser del que es principio, pues el germen es proceso de formación y el fin una entidad. Y aún anterior a ambos, el ser de donde procede el germen. El germen se puede ver desde dos puntos de vista: a partir de donde surge o de lo que es principio, y del ser que procede, de ese mismo es efectivamente germen. Además el germen es en potencia: la potencia qué relación tiene con la entelequia (modo de ser, sea en acto), lo sabemos.[37]

Esto no quiere decir que cualquier fenómeno es parte de un patrón exclusivo, más bien, hay unos con una causa compartida o leyes similares.[38] No se trata de elegir los elementos que causan las cosas, sino se debe aceptar lo acontecido para poder sacar cierta predicción de lo que causará, o en caso de las ciencias naturales, clasificar a los seres según ciertos patrones, como ocurre con los mamíferos

---

36 Aristóteles, *Reproducción de los animales…*, 743a.

37 Aristóteles, *Partes de los animales...*, 641b- 642a.

38 Jack Wilson, *Biological Individuality…*, p. 43.

que amamantan a sus crías. Aristóteles describe este proceso de un modo que puede empatarse con los avances recientes en la biología:

> Si el universo es determinista, entonces la naturaleza se encuentra gobernada por leyes estrictas que constituyen regularidades naturales. Estas leyes establecidas describen aquellas regularidades. Tales regularidades dotan al mundo con patrones que pueden ser descubiertos por la investigación científica, y pueden ser utilizados para efectos de las explicaciones científicas.[39]

Las leyes encontradas en la naturaleza explican los mecanismos causales de los seres que los constituyen; éstas se forman por sus instancias y los patrones biológicos serán los que reflejan la predictibilidad de un mecanismo causal similar. Donde se encuentra un patrón claro y estable, hay una estructura causal.[40]

Al reconocer los patrones dentro de la naturaleza, es posible hacer experimentos que permitan predecir lo que sucederá con los seres y poder clasificar los procesos de manera empírica para comprobar lo sustentado por la ley. De esta forma, se puede hacer ciencia desde el descubrimiento de patrones hasta su clasificación: "Es en virtud de pertenecer a un patrón que los individuos se identifican como miembros de una especie".[41] Estas especies van a determinar, según sus criterios, si tales seres pertenecen a ella.

Tanto la tradición aristotélica como los avances modernos en temas biológicos permiten reconocer que no ha variado el proceso reproductivo de la célula y de la individuación, por lo que la propuesta hecha por Giubilini y Minerva no aporta una nueva perspectiva ante la consideración del embrión humano, e incluso, llegan a contradecirse al considerar al feto como una persona incompleta. Además, no tienen sustento en las actualizaciones científicas, sobre todo las alcanzadas por la genética.

Para identificar a los seres en cierta clasificación, se deben cumplir ciertos criterios necesarios por medio de pruebas para encontrar lo subyacente o las condiciones persistentes en cada ser,

---

[39] Weseley Salmon, citado por Jack Wilson, *Biological Individuality...*, p. 44.

[40] Jack Wilson, *Biological Individuality...*, p. 44.

[41] *Ibidem*, p. 46.

de manera que se pueda hallar su pertenencia a tal especie o a otra. Con base en ello, consideremos la clasificación de Giubilini y Minerva: "Muchos individuos animales no-humanos y hombres mentalmente retrasados son personas, pero todo individuo que no están en condición de atribuir valor alguno a su propia existencia, no son personas".[42] Sin embargo esto es contradictorio, si bien declaran se trata de una persona, acotan que no del todo, lo cual nos lleva a preguntar: ¿Qué hace un hombre sino es su ser? No es posible ser y no al mismo tiempo y bajo las mismas circunstancias, como dice el Principio de no contradicción;[43] por tanto, tampoco lo es que un ser pertenezca a distintas especies, humana y no humana al mismo tiempo.

En ese sentido, tomemos también el Principio del todo es mayor a la parte, como afirma Aristóteles:

> De igual manera, al discutir sobre cualquier parte u objeto, se debe considerar no hacer mención de la materia, ni hacer el estudio en función de ella, sino de la forma total, como, por ejemplo, se habla de una casa, pero no de ladrillos, mortero y maderas. También en lo que concierne a la naturaleza se debe hablar sobre la composición y sobre el ser total, pero no sobre los elementos, que no se dan nunca separados del ser al que pertenecen.[44]

La ciencia de los seres vivos tiene como objetivo la causa final de los mismos; por consiguiente, no se les reduce a materia o a sus funciones orgánicas, sino se observa el conjunto de materia y forma,[45] así como lo explican autores en la actualidad. Es por esto que en cualquier estudio del embrión se le debe tomar como un todo y no como una de sus partes, pues si reducimos al feto según su capacidad racional, terminamos desechando el resto de sus funciones y capacidades humanas y, por ende, no lo estaríamos tomando como

---

42 Alberto Giubilini, Francesca Minerva, "After-birth abortion…", p. 2.

43 "Dos pensamientos contrarios no son otra cosa que una afirmación que se niega a sí misma, es imposible que el mismo hombre conciba al mismo tiempo que una misma cosa es y no es, por que para tenerla, tendría simultáneamente los dos pensamientos contrarios". Aristóteles, *Metafísica*, 1005 a20.

44 Aristóteles, *Partes de los animales*, 645a 30.

45 Alan Gotthelf, James Lennox, *Philosophical issues…*, p. 2.

persona. Los autores del artículo que hemos estado debatiendo utilizan conceptos aristotélicos para justificar su ejercicio, pero los aplican de manera incorrecta.

2.2 Edad Media

El Medioevo es el momento histórico de Boecio, cuando surge una necesidad de explicar la Revelación por medio de la razón, de manera que la filosofía se eleva a un plano mucho más trascendente del que ya había logrado Aristóteles con la *Metafísica*. Los autores de la época se sirven de ciertos conceptos previos para comprender mejor los misterios de fe, no obstante, hubo otros insuficientes a la hora de explicar la Encarnación.

Este fue un tema antropológico importante; se preguntaban cómo era posible que se hiciera carne sin perder su divinidad, lo cual condujo a otro cuestionamiento: si Dios se hace hombre, ¿qué es ser hombre? La definición aristotélica bastaba para entenderlo como especie, sin embargo, ahora había que explicarlo no sólo desde un plano natural, sino desde uno sobrenatural. Es aquí cuando Boecio y luego Santo Tomás captan la necesidad de utilizar conceptos que se adecúen al misterio de fe, y enriquecen el conocimiento del ser humano, considerándolo persona y, por tanto, como sujeto de derechos y obligaciones.

2.2.1 Boecio y Santo Tomás de Aquino

Boecio define al hombre como persona; con ello implicó que es una "substancia individual de naturaleza racional" y condujo a un conocimiento de éste en el plano metafísico y universal.[46] Más tarde esta definición sería analizada por Santo Tomás y le agregaría algunas precisiones para aclarar el aspecto ontológico que debía aplicarse

---

[46] Para Santo Tomás persona significa lo que es más perfecto en toda la naturaleza, es decir, el subsistente en naturaleza racional.

a las personas humanas, angélicas y divinas. Esta nueva definición parte de la Revelación divina, por lo que el hombre o persona humana, dada su naturaleza racional, comparte esta naturaleza con lo superior, trascendente y divino. Boecio termina considerando a la persona humana como lo más bajo de la jerarquía de seres espirituales –Dios y ángeles–.

Es en este nuevo concepto donde se ve con claridad que Dios apela a la naturaleza divina del hombre por ser "creado a imagen y semejanza"[47]; a causa de esto, el cristiano debe vivir una vida ascética, de lucha y esfuerzo por permanecer en acto en su esencia misma. Ambos pensadores ponen énfasis en la persona –individuo– por encima de la especie.

Santo Tomás de Aquino afirma que el alma no es algo separado, como lo diría Platón, ni tampoco algo compartido por todos, como lo dijo Avicena, y retoma la idea de Aristóteles para complementarla con Boecio, al tratar acerca de la unión del cuerpo y alma:

> El principio de la operación intelectual, llamado alma humana, es incorpóreo y subsistente [...] Para conocer una clase de cosas es necesario que en la propia naturaleza no esté contenida ninguna de esas cosas que se va a conocer, pues todo aquello que estuviese contenido naturalmente impediría el conocimiento [...] Así, pues, si el principio intelectual contuviera la naturaleza de algo corpóreo, no podría conocer todos los cuerpos. Todo cuerpo tiene una naturaleza determinada. Así, pues, es imposible que el principio intelectual sea cuerpo.[48]

Afirma que el alma es subsistente –permanece– y es la forma substancial del ser humano –no puede ser de otro modo–; es decir, no sólo es el acto de ser que informa al cuerpo, es lo que permanece en la unión y conforma al hombre.

> Es evidente que no cualquier principio de operación vital es alma. Pues, de ser así, el ojo sería alma, ya que es principio de visión. Lo mismo puede decirse de los otros instrumentos del alma. Pero decimos que el primer principio vital es el alma [...] a algún cuerpo

[47] *Génesis* 1:27.

[48] Santo Tomás de Aquino, *Suma Teológica I*, q. 75-6, art. 1-2.

> le corresponde ser viviente o principio vital en cuanto que es tal cuerpo. Pero es tal cuerpo en acto por la presencia de algún principio que constituye su acto. Por lo tanto, el alma, primer principio vital, no es el cuerpo, sino, el acto del cuerpo. Sucede como con el calor, principio de calefacción, que no es cuerpo, sino un determinado acto del cuerpo.[49]

Dado que el alma es el principio vital del cuerpo y no es corpórea, pues su contacto no es sensible sino espiritual, debe entenderse que el tipo de alma por la cual el cuerpo humano se mueve es únicamente la racional:

> Es necesario afirmar que el principio de la operación intelectual, llamado alma humana, es incorpóreo y subsistente. Es evidente que el hombre por el entendimiento puede conocer las naturalezas de todos los cuerpos. Para conocer una clase de cosas es necesario que en la propia naturaleza no esté contenida ninguna de esas cosas que se va a conocer, pues todo aquello que estuviese contenido naturalmente impediría el conocimiento. Ejemplo: La lengua de un enfermo, biliosa y amarga, no percibe lo dulce, ya que todo le parece amargo. Así, pues, si el principio intelectual contuviera la naturaleza de algo corpóreo, no podría conocer todos los cuerpos. Todo cuerpo tiene una naturaleza determinada. Así, pues, es imposible que el principio intelectual sea cuerpo [...] Para la actividad del entendimiento se precisa del cuerpo, no como de un órgano por el cual la operación se realice, sino por razón del objeto, cuya representación en la imagen es para el entendimiento lo que el color para la vista. Pero necesitar así del cuerpo no se opone a que el entendimiento sea subsistente; pues, de lo contrario, tampoco sería subsistente el animal, que para sentir necesita de los objetos sensibles exteriores.[50]

De este modo, la clase de operación del alma racional no será corpórea, más bien se puede reflejar en lo corpóreo y sin depender de una cuestión meramente física. A pesar de ello, sí puede afectar

[49] *Ibidem*, q.75, art 1.
[50] *Ibidem*, art 2.

de manera accidental el conocimiento, pues éste no depende de una parte del todo, sino que es capaz de operar aun si una de las partes físicas se encuentra dañada o impedida.

2.2.1.2 Individualidad

Para comprender de mejor manera el aporte medieval a la definición de hombre, partiremos de las objeciones de Santo Tomás a la definición de Boecio, donde aclara que el individuo se entiende en su distinción material y también sustancial, debido a las operaciones que realiza en tanto sujeto único e irrepetible y no como especie.

> Aun cuando lo universal y lo particular se encuentran en todos los géneros, sin embargo, el individuo se encuentra de modo especial en el género de la sustancia. Pues la sustancia se individualiza por sí misma, pero los accidentes se individualizan por el sujeto, que es la sustancia. Ejemplo: Esta blancura es tal blancura en cuanto que está en este sujeto. Por eso también las sustancias individuales tienen un nombre especial que no tienen otras: hipóstasis o sustancias primeras. Pero particular e individuo se encuentran de un modo mucho más específico y perfecto en las sustancias racionales que dominan sus actos, siendo no sólo movidas, como las demás, sino que también obran por sí mismas. Las acciones están en los singulares. Es así como, de entre todas las sustancias, los singulares de naturaleza racional tienen un nombre especial. Este nombre es persona. Por eso, en la definición de persona que se ofreció, entra la sustancia individual por significar lo singular en el género de la sustancia. Y se le añade naturaleza racional por significar lo singular en las sustancias racionales.[51]

La persona que actúa es quien se distingue de los seres de su misma especie, no simplemente por la cantidad, sino por las acciones que realiza; de esa manera, resulta adecuada la individuación del hombre no como parte de la especie ni para perpetuarla, sino para separarse de los demás y a la vez pertenecer a la misma especie humana. Como responde Santo Tomás a las objeciones: "el nombre individuo entra en la definición de persona para indicar el

[51] *Ibidem*, q. 29, a. 1.

modo de subsistir propio de las sustancias particulares".[52] Por sus acciones y accidentes, el ser racional es algo particular dentro de la misma generalidad.

> El individuo compuesto de materia y forma, por su materia sostiene los accidentes. Por eso, en el libro *De Trinitate*; Boecio dice: la forma simple no puede ser sujeto. Pero que subsista por sí mismo le viene de la forma que no se une a lo subsistente, sino que da el ser actual a la materia para que el individuo pueda subsistir. Así, la hipóstasis se atribuye a la materia, y *usiosin* o subsistencia a la forma, porque la materia es principio para sostener, y la forma es principio para subsistir.[53]

Dado que el hombre es la unión del cuerpo y alma, conocida como "hipóstasis",[54] es posible que, de cierta manera, ambas partes se vuelvan dependientes una de la otra, y mediante este proceso substancial, surja la individuación:

> Individuo es lo indistinto en sí mismo, pero distinto de los demás. Por lo tanto, en cualquier naturaleza, persona significa lo que es distinto en aquella naturaleza, como en la naturaleza humana indica esta carne, estos huesos y esta alma, que son los principios que individualizan al hombre. Estos principios, aun cuando no significan persona, sin embargo, sí entran en el significado de persona humana.[55]

El sujeto se vuelve primordial para el resto de las actividades y grupos sociales, ya que por él que existen las sociedades y gobiernos; además, es quien persigue el fin último de sí mismo, es decir, la felicidad.

> Un individuo indefinido, como algún hombre, indica la naturaleza común con el modo concreto de existir que corresponde a

[52] *Ídem.*

[53] *Ibidem*, q. 29, a. 2.

[54] "Por lo cual algunos definen la persona diciendo que es la hipóstasis distinguida por la propiedad relativa a la dignidad. Como quiera que subsistir en la naturaleza racional es de la máxima dignidad, todo individuo de naturaleza racional es llamado persona, como ya dijimos (a.1)". *Ibidem*, q. 29, a. 3.

[55] *Ibidem*, q. 29, a. 4.

> los singulares, esto es, subsistente por sí mismo y distinto de los demás. Pero en el nombre individuo concreto se está indicando algo determinado que distingue. Como en el nombre Sócrates lo pueden ser esta carne y estos huesos. Sin embargo, hay que advertir que algún hombre indica la naturaleza, o individuo por parte de la naturaleza, con el modo de existir que le corresponde a los singulares. Y el nombre persona no se da para significar el individuo de parte de la naturaleza, sino para indicar la realidad subsistente en tal naturaleza.[56]

La precisión tomista a la definición de Boecio indica la finalidad de ser persona, que es distinguirse una especie de otra, asimismo, hacerlo dentro los seres de la misma especie, como las flores individuales existentes dentro de un ramo. En ese sentido, el hombre, como especie, guarda una primacía ante los demás seres naturales por su tipo de alma, que además trasciende a la muerte física, y por la ejecución de su racionalidad en la unión del cuerpo y el alma, esto lo hace único, irrepetible y digno. Sin necesidad de caer en un reduccionismo por partes, y tomado el estudio desde todos sus compuestos, Santo Tomás demuestra filosóficamente la inmortalidad del alma humana, lo cual le otorga otro nivel de dignidad marcadamente superior.

Si bien este autor reconoce que, al no poseer materia, el hombre tiene, además de una substancia primera como especie, una segunda que le da preponderancia a su individualidad frente a las demás personas; para la presente tesis, estrictamente filosófica, no se ahondará en los elementos para una definición análoga, aplicable a las personas humanas, angélicas y divinas.

2.3 Modernidad

Con el paso del tiempo y los cambios tecnológicos en la industria, la medicina y las ideologías, los modernos llegan a la conclusión de que no basta un único sentido del hombre a la manera de los clásicos;

[56] *Ibidem*, q. 30, a. 4.

ahora es preciso dar una definición que atienda a los nuevos paradigmas y situaciones, sin una religión de por medio. Los intelectuales consideran imperativo redefinir al hombre para que sea autónomo a toda idea y concepción, entre ellas, las religiosas; sin embargo, como podremos apreciar, su postura se inclinará hacia lo político más que estar libre de toda influencia.

Entre estos pensadores surge John Locke, cuya definición de hombre ha repercutido en la forma de regularnos legal y socialmente hasta hoy día. Es por esta "nueva" idea, en la cual ahondaremos más adelante, que las posturas a favor del aborto, la eutanasia y la eugenesia han tomado fuerza, pues en ella se justifican acciones en contra de la dignidad humana. Si reducimos al hombre a un empirismo donde la racionalidad deba ser percibida por los demás, nunca será suficiente establecer la diferencia específica entre un ser vivo y un ser humano. Con esta postura se borran las líneas que logran distinguirnos de los demás seres, dando pie a un relativismo dictado por la perspectiva de quien haga valer su derecho o bien, de un juez.

2.3.1 John Locke

Durante la Ilustración en Reino Unido, el filósofo John Locke elabora su perspectiva partir del empirismo y dicta que, para ser hombre, es necesario actuar conforme a lo que él llama racionalidad, entendida como libertad. Así, todo individuo se encuentra en un estado de naturaleza de plena libertad, de modo que cada quien ordena sus acciones y dispone de sus posesiones. Es un estado también de plena igualdad; todos los miembros del estado de naturaleza tienen las mismas ventajas y los mismos derechos.[57]

Podríamos decir, en términos actuales, que para el empirismo la racionalidad se reduce a la sinapsis neuronal, a un efecto visible; sin embargo, esta explicación resulta insuficiente en la comprensión de la libertad, pues la termina confinando al ámbito del derecho, para que desde ahí se regule. En ese orden de ideas, Locke propone las características de la libertad del hombre que vive en sociedad:

---

[57] John Locke, *Segundo tratado sobre el gobierno civil*, Madrid, Alianza, 2014, cap. II, p. 4.

1. No estar bajo más poder legislativo que el establecido por consentimiento en el seno del Estado.

2. Únicamente las leyes dictadas por el poder legislativo son las que hombre libre acepta.

Una persona es libre al no estar sujeta a la inconstante, incierta, desconocida y arbitraria voluntad de otro presente en el estado de naturaleza; sin embargo, esta facultad no radica en la falta de impedimento para que cada quien haga lo que le venga en gana, sino que el individuo tenga poder para disponer de su persona, de sus acciones, posesiones y propiedades. Está relacionada con las leyes y no con los caprichos de las personas; no obstante, quien hace valer la ley, no importa si es un juez facultado, reduce la libertad a su modo de entenderla.

Según Locke, si alguien no llega a alcanzar el uso de razón que le permita conocer el significado de la ley natural, nunca podrá ser un hombre libre, y pone de ejemplo a quienes, en su época, consideraban lunáticos e idiotas y necesitaban del consentimiento por parte de otros para poder decidir. En ese sentido, lo que nos hace hombres es la capacidad racional y ésta se expresa en la toma de decisiones y el conocimiento de las cosas; sin embargo, el empirismo no es capaz de considerar la libertad como un conjunto, producto de la unión de las facultades humanas: sentidos, apetitos, voluntad e inteligencia. Desde esta teoría, la libertad se puede comprobar en el producto final, es decir, el acto, sin considerar las causas o facultades por las que fue logrado.

En *Ensayo sobre el entendimiento humano*, Locke resalta la importancia del estudio del conocimiento en tanto nos lleva a decisiones morales, al bien o al mal; dicha actividad eleva al hombre sobre las demás cosas sensibles, además de conferirle la superioridad y el dominio que tiene sobre ellas. El entendimiento nos hace ver y percibir cosas de todo el conocimiento que podamos alcanzar, lo cual será de gran utilidad para dirigir nuestros pensamientos en la búsqueda de otras nuevas.[58]

[58] John Locke, *Ensayo sobre el entendimiento humano*, México, FCE, 2005, p. 22.

La estructura del ensayo antes mencionado se puede dividir en tres partes:

1. En la primera se aborda la utilidad de la extensión de nuestro conocimiento; así, se examina la naturaleza del entendimiento y se describen sus facultades, además, cuestiona hasta dónde alcanzan, si ocuparse de ellas excede nuestra comprensión y a qué grado se puede alcanzar la certeza.
2. El propósito de la segunda sección es hacer el estudio del propio entendimiento, examinar sus fuerzas y ver qué cosas son proporcionadas a su capacidad.
3. Se aborda el significado del término idea, que refiere a todo objeto del entendimiento cuando pensamos, un fantasma, especie o cualquier cosa que la mente se ocupa de pensar. Existen en la mente de los hombres y cada uno es consciente de ellas.

No es mi intención analizar toda la obra, sólo exponer los elementos de los que se sirve Locke al explicar por qué los fetos no tendrían racionalidad; con el fin de hacer notar que la racionalidad no puede acotarse a un conjunto de normas empíricas, pues los temas de verdad, certeza y libertad no se restringen a cuantificación, sino son la expresión de la unidad espiritual y corpórea del hombre, cuya realización es el reflejo de lo que no puede ser medido ni percibido. Locke pretende argumentar, desde el empirismo, contra la tradición clásica y medieval respecto al estudio del hombre; sin embargo, si tomamos los principios con los que se estudia la realidad, podremos apreciar que no es posible reducir el todo a la parte; de esa manera, el hombre no puede confinarse a su racionalidad, si bien necesaria, no es su único atributo.

2.3.1.1 Ideas innatas

Según Locke, hay principios innatos de algunas condiciones primarias grabados en la mente del hombre, los cuales son recibidos por el alma desde el primer momento de la existencia y traen al mundo con ellos. Sólo por el uso de sus facultades naturales, los hombres pueden adquirir los conocimientos que tienen sin ayuda de alguna idea innata. Debido a las facultades aptas, el individuo puede alcanzar un conocimiento de esas verdades con tanta facilidad y certeza como si hubiesen sido grabadas originariamente en la mente humana.[59]

Una vez que se reconocen estas ideas innatas, existe un asentimiento general sobre ciertos principios tanto especulativos como prácticos, en los que convienen todos los hombres. Tales principios son impresiones ocasionadas por ser constantes, y el alma del hombre las recibe y las trae consigo al mundo, pues son tan necesarias y reales como sus facultades: "Supongo que se me concederá sin dificultad que hay tales ideas en la mente de los hombres: todos tienen conciencia de ellas en sí mismas, y las palabras y los actos de los hombres muestran satisfactoriamente que están en la mente de los otros".[60]

Sin embargo, no toda idea es innata, existen otras, adquiridas por igual sin importar la condición ni clase social. Es imposible que una misma cosa sea y no sea al mismo tiempo bajo las mismas circunstancias, son máximas universalmente aceptadas, y algunas ni siquiera son conocidas.[61] Hacer el bien y no el mal es una afirmación común a todos por razón; no es posible actuar bien y mal con la misma acción -aunque sus efectos puedan ser bueno o malos, como el efecto secundario o el daño colateral-.

Locke establece que tales principios morales no están grabados naturalmente en la mente, y como ejemplo, establece que no son conocidos de los niños, idiotas, etcétera: "Una noción ha sido impresa o grabada en la mente y al mismo tiempo que la mente no lo conoce y que jamás llega a tener conocimiento de ella, es hacer esa impresión desde la pura nada".[62] Es decir, que no hay un conocimiento *a priori* de lo que es bueno o malo, sino que debe ser enseñado.

---

59 John Locke, *Ensayo sobre...*, p. 17.

60 *Ibidem*, p. 21.

61 John Locke, *Ensayo sobre...*, p. 22-23.

62 "Si, por lo tanto, los niños y los idiotas tienen alma, es que tienen mentes con aquellas impresiones, y será inevitable que las perciban y que necesariamente conozcan y asientan a aquellas verdades; pero como eso no acontece, es evidente que no existen tales impresiones". *Ídem*.

Afirma que de ninguna proposición se puede decir que está en la mente si ésta no la conoce o nunca se es consciente de ella; si algo está en la mente y ésta no lo conoce nunca, será sólo a causa de la capacidad que tiene la mente de conocerlo. Esto quiere decir que están impresas en la mente verdades que no conoce ni conocerá nunca. Nadie ha negado que la mente sea capaz de conocer muchas verdades: "Si, por lo tanto, estas dos proposiciones: cualquier cosa que es, es, y es imposible que la misma cosa sea y no sea, fueran de las impresas por la naturaleza, los niños no podrían ignorarlas; los pequeñuelos y todos los dotados de alma tendrían que tenerlas necesariamente en el entendimiento conocerlas como verdaderas y otorgarles su asentimiento".[63]

Refiere por innato a las ideas que los racionalistas señalan que todos tenemos y deberían estar en acto; es decir, al tener la idea desde el nacimiento, ya deberíamos entenderla y saberla utilizar, lo cual, no se vería con claridad en niños e idiotas. Este argumento sostiene la idea actual de que, si el hombre no manifiesta una decisión frente a lo que ya conoce, o al menos muestra comprensión, no puede ser considerado un ser racional. De esa manera, se llega a justificar que el feto no es un ser racional, pues no se expresa como uno.

Para dicho autor la capacidad es innata, un conocimiento adquirido que conlleva una respuesta evidente ante una acción determinada; si ésta no es clara y distinta, entonces ese individuo no puede ser considerado un ser racional: "Porque todo razonar es búsqueda y es mirar en torno, y requiere solicitud y aplicación".[64]

> Y aunque se comenzase a conocerlas cuando se adquiere el uso de la razón, eso no probaría que fuesen innatas se asiente a esas verdades cuando comienza el uso de razón, no hay en la mente ningún conocimiento de esas máximas generales y evidentes por sí mismas hasta que se llegue al uso de la razón, pero niego que el tiempo en que comience el uso de la razón sea precisamente el tiempo en que se les conoce.[65]

---

63 John Locke, *Ensayo sobre...*, p. 24.

64 *Ibidem*, p. 26.

65 *Ibidem*, p. 25.

La mente llega a conocer muchas verdades y por medio de los sentidos recibe ideas particulares que la proveen. Al ser estos pensamientos poco familiares, los va colocando en la memoria, les impone nombres, los abstrae y aprende gradualmente. La mente llega a estar nutrida de ideas y palabras sobre las que se ejercita su facultad discursiva y aumenta su razón. La adquisición de dichos materiales y de la razón va creciendo ordinariamente, y una vez que la mente los ha conocido, entonces puede distinguir, percibir y retener.[66]

Nuestro conocimiento se desarrolla según el contacto que tenemos con las cosas, por ello, si hay algo innato no son las ideas, sino la capacidad de conocer. Sin embargo, para Locke no es así, pues quien conoce una idea, lo hace a través de la experiencia sensible, la asiente y pone en práctica; por tanto, los niños y los idiotas, al no reflejar estas acciones, no pueden ser considerados racionales. Donde no están las ideas mismas, no puede haber ningún conocimiento o asentimiento, debido a la falta de percepción de las cosas por medio de los sentidos:

> Si observamos a los niños, no hay prueba de otras ideas que no sean de la sensación o de la reflexión. No veo, por lo tanto, ninguna razón para creer que el alma piensa antes de que los sentidos le hayan proporcionado ideas para pensar sobre ellas; y puesto que el número de esas ideas aumenta y se retienen, acontece que el alma, gracias al ejercicio, perfecciona su facultad de pensar en sus diversas partes; así como, más tarde, combinando esas ideas y reflexionando sobre sus propias operaciones, incrementa su caudal de ideas y también su habilidad para recordar, imaginar, razonar y otras maneras de pensar.[67]

Por la sensación o reflexión de la experiencia se funda todo nuestro conocimiento, y de ella se deriva como de su primer origen. La observación aplicada a los objetos exteriores o a las operaciones internas de la mente, de los cuales reflexionamos, es lo que proporciona al entendimiento todos los materiales del pensamiento:[68]

---

[66] *Ibidem*, p. 29.
[67] *Ibidem*, p. 85.
[68] *Ibidem*, p. 83.

- Los objetos de la sensación son una fuente de ideas. Nuestros sentidos en comunicación con los objetos particulares sensibles, transmiten a la mente muchas percepciones distintas, según las diversas maneras como los objetos les afectan; las cualidades sensibles se comunican, cada una por su medio, al entendimiento.
- La percepción de las operaciones de la mente es otra fuente de ideas. Es decir, cuando se reflexiona sobre las ideas que ha recibido, éstas suministran al entendimiento de otra clase de pensamientos que no se había podido adquirir como objetos exteriores. Al ser conscientes de ellas y observarlas en nosotros mismos, se reciben de ellas ideas diferentes a las que todo hombre tiene en sí mismo. El sentido interno es la fuente de la reflexión y las ideas que proporciona se obtienen solamente por la reflexión de sus propias operaciones.

A su vez, existen dos tipos de ideas simples: las de las cualidades primarias son semejantes entre sí; las secundarias se parecen a los cuerpos que, a su vez, se asemejan a ellas y sus ejemplares existentes en los cuerpos. Las ideas producidas en nosotros por las cualidades secundarias no emulan de manera alguna a ellas.[69]

Este concepto de lo innato deja claro su origen o procedencia en el planteamiento platónico del alma, el cual sostiene que cuando ésta cae en un cuerpo, es capaz de reconocer aquellas ideas ya conocidas sobre las cosas que recordará por semejanza. Sin embargo, dicha teoría se descarta cuando Aristóteles simplifica el conocimiento y establece que, a partir de la experiencia con las cosas, podemos conocerlas desde las cuatro causas. Mientras, Locke no llega a explicar con claridad que cuestiones antropológicas como la dignidad, libertad, conciencia, bien y mal, no dependen de un empirismo, tampoco logra reconocer la importancia de tomar en cuenta la metafísica de estos conceptos para lograr una comprensión total del hombre.

---

[69] John Locke, *Ensayo sobre...*, p. 95.

Por otro lado, hay cosas que se perciben en todos los sentidos, como sucede con la comida donde participan el gusto y el olfato, además de olores y sabores. En el sensible no cabe error, es decir, la vista no puede ver sonidos. Cada sentido se discierne del sensible propio y los comunes son el movimiento, quietud, número, figura, magnitud, pues éstos no son exclusivos de un solo sentido, sino compartidos por todos.

El hombre se va perfeccionando en cuanto más conoce, sin embargo, cada facultad opera de manera independiente según su causa final, es decir, su objeto de conocimiento. Por medio de los sentidos conocemos, en esto Aristóteles, Santo Tomás de Aquino y Locke están de acuerdo. La diferencia radica en el uso de aquellos conocimientos lo que separa al filósofo moderno de la definición clásica de hombre o persona humana, debido a que el sujeto debe mostrarse apto para aplicar lo conocido.

Bajo el juicio de Locke, la identidad personal es un ser inteligente y pensante que tiene razón y capacidad de reflexionar, por lo que se puede considerar a sí mismo como él mismo, es decir, se reconoce como único. Él hace únicamente, por la conciencia de sus propias acciones, ese conocimiento que acompaña siempre nuestras sensaciones y percepciones presentes. La conciencia se une siempre al pensamiento y permite distinguirse de los demás pensantes; esto es, la identidad o mismidad.[70]

El autor refiere a la teoría del conocimiento para ilustrar cómo el cuerpo recibe las sensaciones, ya sean propias o accidentales. Así, el cuerpo es afectado por las impresiones que dejan los objetos, aunque no denomine las sensaciones exactamente, hay una semejanza entre las ideas simples, las sensaciones propias y las ideas secundarias con las sensaciones accidentales. Definirá que la propiedad, en sentido laxo, es vida, libertad y hacienda -adquirida por trabajo o herencia-; y existe un límite en la propiedad natural -préstamo- opuesta a la avaricia, siempre y cuando esté sujetada a la ley natural como marco de referencia. Esto es, todo atributo -hábito- que se posee - dominio-.

---

[70] John Locke, *Ensayo sobre...*, p. 311.

El trabajo lockiano afirma que, cuando nacemos, somos libres y racionales, pero esto no quiere decir que ejerzamos esas facultades. Este hecho explicaría que la libertad natural y la sujeción paterna sean cosas compatibles: el niño nace como un ser racional y libre, pero sucede que, al principio, no puede ejercer esas facultades, por ello, necesita la guía y el apoyo de sus padres. De esa manera, estos dos aspectos se vuelven compatibles entre sí.[71]

La libertad se fundamenta en poseer una razón que capacita para ser instruido en las leyes y conocer los límites de la voluntad libre. En ese sentido, estos dos propósitos han de ser los deberes de los padres para educar buenos ciudadanos. La libertad es pura capacidad, es potencia de hacer, de ejercer:

> Eso muestra también en qué consiste la identidad de un mismo hombre, a saber: en nada sino en la participación de la misma vida, continuada por partículas de materia constantemente fugaces, pero que, en esa sucesión están vitalmente unidas al mismo cuerpo organizado. Quien pretenda radicar la identidad del hombre en cualquiera otra cosa que no sea en lo mismo en que radica en los demás animales, es decir, en un cuerpo adecuadamente organizado en un instante cualquiera, y que, desde entonces, continúa en esa organización vital por una sucesión de varias fugaces partículas de materia que están unidas a ese cuerpo, tendrá dificultad para hacer que un embrión, un hombre maduro, un loco y un sensato sean el mismo hombre [...].[72]

El hombre, la persona y la identidad no pueden ser la misma cosa; pero se hará un conjunto entre todos, pues ninguno de sus componentes en suficiente por sí mismo, ni el hecho de pensar, ni tampoco tener un cuerpo humano. Locke busca una unidad de cuerpo y alma, pero no logra atinar, en la expresión de la racionalidad, lo espiritual, pues lo deja sólo como un ejercicio que puede ser interpretado por la autoridad en turno, no necesariamente competente:

> No es tan sólo la idea de un ser pensante o racional lo que en el sentir de la mayoría de las personas constituye la idea de un hom-

[71] John Locke, *Segundo tratado...*, p. 6.
[72] *Ibidem*, p. 315.

> bre, sino también la idea de un cuerpo formado de cierto modo y unido a ese ser. Ahora bien, si ésa es la idea de un hombre, el mismo cuerpo sucesivo que no se muda todo de una sola vez, tendrá, como también el mismo espíritu inmaterial, que contribuir a formar uno y el mismo hombre.[73]

Tal definición corre el riesgo de caer en una reducción del hombre a acciones tangibles o sensibles acerca de su racionalidad, dando por hecho la conjunción del cuerpo y alma; en consecuencia, se puede considerar que el embrión no piensa, no es libre, ni tiene una acción que muestre un pensamiento definido, y por ende, no es hombre: "[...] el tener conciencia siempre acompaña al pensamiento, y eso es lo que hace que cada uno sea lo que llama sí mismo, y de ese modo se distingue a sí mismo de todas las demás cosas pensantes, en eso solamente consiste la identidad personal, es decir, la mismidad de un ser racional".[74]

Locke sostiene que el conocimiento sensible es superior al intelectual; con ello, se reduce la inteligencia a una mera "copia", producto de la fisiología, de las representaciones físicas:[75]

> Es evidente que no conocemos la esencia real de esas substancias, ni de ninguna otra, y, por lo tanto, tan indeterminadas andan nuestras esencias nominales, que son obra nuestra, que si se preguntara a varios hombres acerca de algún feto de forma extraña acabado de nacer, si es o no humano, no cabe duda que tendríamos respuestas divergentes; lo cual no podría acontecer, si las esencias nominales, gracias a las cuales limitamos y distinguirlos las especies de las substancias, no estuvieran hechas dentro de cierta libertad por los hombres, sino que estuvieran copiadas exactamente de los linderos precisos que hubiera establecido la naturaleza, por medio de los cuales habría distinguido en especies determinadas todas las substancias.[76]

---

[73] *Ibidem*, p. 318.

[74] John Locke, *Ensayo sobre...*, p. 318.

[75] Alejandro Merlo Serani, *El viviente humano. Estudios biofilosóficos y antropológicos*, Navarra, EUNUSA, 2000, p. 43.

[76] John Locke, *Ensayo sobre...*, p. 447.

El cerebro no es una computadora procesadora de información, es la unión del todo, del conocimiento sensorial e intelectual; por ejemplo: "Tener sed es un apetito que involucra al individuo como un todo, y no a una colección parcial de procesos fisiológicos. No es el cerebro el que tiene sed, es el animal entero el que la padece".[77] El conocimiento no es copia de representaciones, sino la aprehensión del objeto en sí mismo; es decir, va más allá de un mero proceso tangible y no puede ser medido ni demostrado para justificar cuándo un individuo es ser humano o no.

Por otro lado, Locke expone un caso donde se pregunta si un niño deforme puede pertenecer a la Iglesia:

> Es bien notorio hasta qué punto los hombres determinan las clases de animales, más bien por su aspecto exterior, que no por su generación, puesto que se ha disputado más de una vez si ciertos fetos humanos deben o no ser bautizados, sólo por su diferente configuración externa respecto a la que comúnmente ofrecen los recién nacidos, sin que se supiera si no eran tan capaces de razón como los niños vaciados en otro molde, entre los cuales, algunos, aun cuando dotados de la forma externa aprobada, no son nunca capaces a lo largo de la vida de dar muestra de tanta racionalidad como la que se encuentra en un simio o en un elefante, y jamás exhiben ninguna señal de estar movidos por alma racional. De donde resulta evidente que la forma exterior, que era cuanto faltaba, y no la facultad racional, que nadie podía saber si faltaría a su debida sazón, fue lo que se tomó como esencial de la especie humana.[78]

Concluyó que el aspecto físico no debía dictaminar a quién se cualifica como un ser humano, sino su capacidad de actividad racional, la cual determinará también si puede recibir el bautizo. El nombre no es suficiente como para lograr que una cosa sea sólo por su especie, también lo debe ser por la esencia que está en las cosas, es decir, que parezca y actúe como hombre.[79]

---

77 Alejandro Serani Merlo, *El viviente humano,* p. 44.

78 John Locke, *Ensayo sobre…*, p. 446.

79 *Ibidem,* p. 497.

Su tesis termina por eliminar la individualidad frente a la sociedad; de ese modo, el hombre, aun si es deficiente, es parte de un todo donde es necesario. De ahí la importancia de considerarlo individuo, pues a través de su perfeccionamiento, también es posible perfeccionar a la sociedad. Por ello, la práctica de virtudes y la educación de las personas deban atenderse de manera personal, exaltando las facultades humanas y respetando la individualidad, para que la sociedad mantenga el bien común, tal como el derecho promueve.

Antes de pasar a la actualidad, repasemos las posturas desglosadas hasta ahora: Aristóteles, con la primera definición de hombre, resaltó la diferencia específica frente a los demás vivientes como especie o parte de un todo; Boecio y Santo Tomás, al introducir elementos de la Revelación, elevan su estudio a un punto espiritual, así complementan con la persona humana y la introducción de la individuación como hijos de Dios, cuya alma es infundida por Él; por último, abordamos a Locke con su tesis de persona humana desde el empirismo. A través de este panorama, podemos ver que, con el paso del tiempo, cada una de estas definiciones ha marcado la pauta para el trato hacia el ser humano, desde la concepción hasta la muerte.

2.4 Actualidad

Para la postura contemporánea, me basaré en la visión de los autores Giubilini y Minerva. Las definiciones de hombre son complementarias, pero no absolutas, pues si no se le toma como un ser íntegro, se cae en reducciones según la intención que se busque, como sucede en la argumentación del aborto. Existen dos frentes en dicho tema: quienes consideran que el feto no es una persona y los que ven en éste a una persona. Los primeros niegan que el feto sea hombre, por lo cual el aborto es permisible, pero cuando ya es una persona, no siempre es moralmente permisible.[80]

[80] Margarita Valdés, *Controversias sobre el aborto*, México, FCE, 2001, p. 97.

Antes de continuar, recordemos que en la actualidad se entienden distintas nociones de persona al momento de hablar del aborto, mismas que podemos agrupar en tres:[81]

1. Biológica, la unión de gametos.
2. Persona potencial, como capacidad de ser algo.
3. "Metafísica" y "moral", si cuenta con aquellas características de la persona como pensar por sí mismo, conciencia propia, proyección a futuro, etcétera.

La tercera noción reduce a la metafísica y la moral a un mero empirismo donde se pone el acento en el acto o acción, más que en los presupuestos precisamente morales y metafísicos. Estos conceptos pueden suscitar una división entre liberales y conservadores, sin embargo, no tiene que ver con las posturas políticas, sino con la verdad, con la adecuación del intelecto a la realidad. El hombre es el conjunto de cuerpo y alma con todas las facultades que conllevan, además del proceso por el cual se actualizan las potencias, mismas que no dejan de estar presentes en el desarrollo humano desde la concepción hasta el final de su vida.

Las definiciones hasta ahora consideradas se encuentran cargadas de elementos metafísicos cuya consideración es importante al tratar el tema del hombre, pues la embriología los aplicará para mostrar si se trata de un humano en acto y no en potencia, como lo declaran Giubilini y Minerva: "Ya que los fetos y recién nacidos no son personas, son personas potenciales porque pueden desarrollarse, gracias a sus mecanismos biológicos, tales propiedades los harán 'personas' en el sentido de 'ser sujetos de derechos a la vida': esto es, el punto al que serán capaces de realizar sus fines y apreciar su propia vida".[82]

Es por esto que el aborto no sería el homicidio de una persona, sino la prevención de un daño posterior a algo que todavía no es.

[81] *Ibidem*, p. 77.
[82] Alberto Giubilini, Francesca Minerva, "After-birth abortion...", p. 2.

Ante tales afirmaciones, es necesario tratar las cuestiones metafísicas para desmentir o refutar los argumentos utilizados en su justificación.

2.5 Comparación de definiciones

Si comparamos las definiciones de Aristóteles y Boecio, la naturaleza racional está determinada por la época y el periodo histórico en el cual los autores están insertos. Así, la necesidad de una definición adecuada del ser humano fue formándose a partir de los retos a los que se enfrentaban desde la Antigua Grecia y la Edad Media.

Conforme a Aristóteles, existen tres tipos de alma según los movimientos que pertenecen a cada ser vivo; el racional es el más perfecto debido a que se asemeja al movimiento de los dioses, es decir, a uno eterno. Bajo esta perspectiva, para definir al hombre se ha de tomar en cuenta la jerarquía de las almas en los seres vivos:

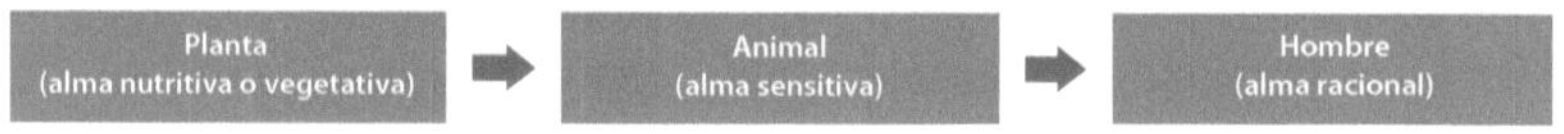

En este primer esquema, el hombre subsume las demás cualidades de las almas inferiores, siendo de este modo el ser superior de toda la naturaleza, al dominarla por su capacidad racional. Por otro lado, para Boecio, el concepto de persona incluiría estos seres con sustancia individual de naturaleza racional:

El segundo esquema permite apreciar la jerarquía de seres en torno a la persona, ya que ésta es el acto de ser, de subsistir al igual que la postura aristotélica, pero con la distinción de que el hombre o persona humana se encuentra en la escala más baja de seres espirituales, y de los materiales, en la más alta.[83] La concepción del cristianismo de Boecio lleva al hombre a una realidad superior, una propia sin descartar la inferior que también posee.

Estas dos aproximaciones clásicas son correctas, no se oponen una a la otra y explican dos aspectos desde diferentes puntos de vista, uno natural, el otro trascendental. Ambas manifiestan lo esencial del hombre: la complementariedad del cuerpo y alma, así como expresan su naturaleza de una manera total. Se fundamentan en la doctrina perenne del acto y la potencia, y por eso no han podido ser superadas, en cuanto manifiestan la naturaleza humana en sí misma, asunto que veremos más adelante.

El estudio del hombre en la antigua Grecia y en la Edad Media logra conjuntar lo que nos distingue de manera específica de otros seres y de quienes comparten la misma especie humana. No podemos confinar la diferencia específica a una cualidad negativa puramente animal o que impida el bien común en la sociedad –como lo son los grupos seculares y herméticos–.[84] No puede estar el individuo sobre la sociedad, así como tampoco la sociedad debe pasar sobre el individuo. Cabe señalar, estas dos definiciones del ser humano coinciden con los avances de la biología molecular que considera el genoma humano.

La tradición clásica define al hombre atendiendo la esencia y con las exigencias que la lógica impone del mismo. En cambio, para Locke dichas tesis no son suficientes al hablar acerca del hombre, y se vuelve necesario tomarlo como parte de una sociedad, la cual a su vez ha de regirlo por medio del derecho, con el fin de agregar a un todo, a un bien común meramente legal que evite el conflicto. No obstante, el

[83] Santo Tomás de Aquino, *Suma Teológica I*, 29, a 1-3.

[84] "Pero particular e individuo se encuentran de un modo mucho más específico y perfecto en las sustancias racionales que dominan sus actos, siendo no sólo movidas, como las demás, sino que también obran por sí mismas. Las acciones están en los singulares. Es así como, de entre todas las sustancias, los singulares de naturaleza racional tienen un nombre especial. Este nombre es persona". *Ibidem*, q. 29 a. 1 co.

problema principal de ese autor es que tales derechos se encuentran sujetos a la voluntad de una persona o de unos cuantos, y por tanto, no se está ante un bien de todos, sino de algunos, según los criterios subjetivos de quien tenga el poder. En consecuencia, se vuelve relativa la interpretación de ciertos casos que atentan contra la dignidad del hombre.

El pensamiento lockeano ha servido como fundamento para justificar quiénes pueden vivir y quiénes no a partir de la postura personal de un juez. Por este motivo, he considerado a Locke un precursor de las posturas actuales que promueven el aborto; su propuesta tuvo una gran influencia en la organización política y en la "ética" moderna y contemporánea. En ese sentido, Giubilini y Minerva buscan plantear la apertura del término aborto no sólo a la eliminación de la vida dentro del vientre materno, sino fuera de él, en las primeras horas de vida. Hoy en día terminamos reduciendo la vida a una cuestión de retórica influida por creencias personales, más que por la objetividad del hecho.

Los racionalistas y empiristas como Locke conducen a la problemática actual respecto a la comprensión del ser humano y su trato, lo que supone una pérdida del individuo en aras de la sociedad, y por consiguiente, un retroceso en el entendimiento y estudio del hombre. El ser no es para el Estado; no se debe caer en una subsidiariedad por parte del uno y otro (colectivismo- individualismo).

De esta manera, se vuelve imperante completar los avances de la genética con la propuesta clásica y medieval. Frente al estudio del hombre debemos asumir las cualidades que posee y puede dirigir a perfeccionar su ser corporal y animado, a aceptar su esencia y hacerla placentera y atractiva; con el fin de encaminar su acciones hacia el saber y así adquirir la verdad, buscando el bien para encontrar la felicidad mediante las facultades, la inteligencia y voluntad con actos concretos en "cada oficio y cada método, cada acción y cada libre elección orientados al bien hacia lo que todo tiende".[85] Es natural y propio del ser humano el deseo de saber, y mediante ello, alcanzar

[85] Aristóteles, *Ética Nicomaquéa*. Madrid, Gredos, 1998, 1094a.

una vida lograda.[86] Ambas definiciones muestran las cuatro causas: material, formal, eficiente y final, es decir, nos dicen el modo de ser del hombre.

Una vez establecidas las corrientes de pensamiento que identifico como fundamento de las posturas acerca del ser humano y su contexto histórico, es posible comprender las argumentaciones a favor y en contra del aborto. A continuación me centraré en los elementos metafísicos, mencionados conforme se han presentado en la argumentación de cada filósofo, con el objetivo de entender los errores en el ejercicio lógico de Giubilini y Minerva, tales como el uso de los términos acto y potencia, substancia y accidente, y el concepto de hombre o persona.

[86] Aristóteles, *Metafísica*, 980a 21.

CAPÍTULO 3
Consideraciones metafísicas sobre el aborto

Hecho ya un reconocimiento de las diferentes posturas sobre la definición del hombre, partiremos ahora de los conceptos necesarios para comprender mejor el significado de cada uno de los elementos que conforman los distintos argumentos frente al aborto. Para ello, me basaré en principios ontológicos y metafísicos, con el fin de analizar los conceptos utilizados por Giubilini y Minerva para justificar una posible permisibilidad del "aborto después de nacer".

Una vez visto el recorrido histórico del aborto y su concepción a través de las distintas legislaciones que prohíben y sancionan esta práctica, y de conocer las definiciones principales del hombre para considerarlo como un sujeto con derecho a la vida, es necesario garantizar que las posturas a favor o en contra del aborto sean consistentes y partan de un lenguaje en común y basado en la realidad. Es por esto que acudiré a los conceptos metafísicos que me darán la base para aclarar los elementos fundamentales para la defensa de la vida del embrión, y posteriormente su protección jurídica.

3.1 Consideraciones metafísicas

Conceptos metafísicos y principios ontológicos son imprescindibles para sostener que el aborto no sólo afecta al hombre, sino a todo ser vivo. Este fundamento se encuentra en las leyes naturales que son el conjunto, orden y disposición de todo lo que compone el universo. Cosas, plantas, animales tienen regulaciones que gobiernan su devenir y se han de cumplir siempre de forma forzosa, inexorable e inevitable.[1] No cabe en ellas hablar de libertad, sino de necesidad. También se entiende por naturaleza como la norma y regla constante e invariable de las cosas; la esencia, sustancia y propiedad característica de cada ser, o de las cosas; la fuerza o actividad natural, contrapuesta a la sobrenatural y milagrosa; el principio universal de todas las operaciones naturales e independientes del artificio. Es decir, todo ser natural tiene un orden y es vital que su desarrollo sea según éste, para que pueda cumplir con su función.[2]

Todas las cosas tienen un fin, y la biología estudia los seres vivos y sus partes con miras a la finalidad de cada parte de su anatomía. El hombre no es una excepción en sus objetivos; así, se analiza su desarrollo físico y espiritual, donde cada facultad en acto tiene su proceso potencial para culminar en un ser actualizado para vivir de acuerdo con sus funciones, determinadas desde el inicio, como puede apreciarse en los primeros tratados biológicos de Aristóteles:[3]

> Pero, puesto que todo instrumento tiene una finalidad, que cada una de las partes del cuerpo es para algo, y que la finalidad es una acción, es evidente que también el cuerpo en su conjunto está constituido para una acción compleja. La acción de serrar, efectivamente, no tiene como finalidad la sierra, sino que la sierra tiene la finalidad de serrar, pues serrar es un uso de la herramienta. De modo que también el cuerpo en cierta manera tiene como finalidad el alma, y las partes tienen como finalidad las funciones que cada una tiene fijadas por naturaleza. Entonces hay que hablar primero de las funciones comunes a todos los animales y de las propias de cada género y especie.[4]

---

1 Hector Zagal, *Ensayos de metafísica*, Navarra, UNAV, p. 18.

2 Aristóteles, *Metafísica*, 983b.

3 Alan Gotthelf, James Lennox, *Philosophical issues...*, p. 10. En las obras aristotélicas pueden comprenderse los procesos de desarrollo que hay en los seres vivos: *Partes de animales* versa sobre la anatomía; *Historia de los animales* hace una clasificación de animales; *Movimiento de los animales* ahonda en su fisiología, y *Generación de los animales* aborda la embriología.

4 Aristóteles, *Partes de los animales*, 645b.

El fin no es algo ausente, sino la condición de perfeccionamiento de la cosa, en el caso del hombre es pensar, decidir y actuar libremente. Algo ya establecido por la definición de la cosa, género más diferencia específica, que ya se encuentra en acto, pues la definición, es decir, el modo de ser, es la esencia.[5] La potencia es la condición de posibilidad de algo mejor para el bien de la cosa, y su permanencia le permite ser de un modo determinado, con el fin de cumplir su fin operativo intrínseco.[6]

En su obra *Sobre la generación de los animales*, Aristóteles explica cómo "la forma de los padres se transmite a sus hijos, y cómo se producen las características accidentales";[7] de ese modo, expone una teleología en la formación de cada una de las partes que componen al nuevo ser y cómo la causa final se impone a lo material. Así, los padres son la causa de ese nuevo ser, pero no como especie, sino en la combinación genética se da la individualidad.

Aristóteles menciona que la forma carece del acto de ser, es contingente, por ello, es necesaria una causa para mantener al ser y, por participación, pueda dar lugar a otros seres; en este caso, el acto de ser viene de Dios, siendo el hombre un ser inteligente y libre, tal y como se expone en la teoría de la participación del ser. En ese tenor, la materia no es un factor de individuación, pero si aporta a la individualidad y la distinción dentro de la especie que conforma al nuevo ser, debido a los accidentes que se presentan, heredados o no, como tener canas o manchas, variaciones del individuo y no de la especie:

> Lo que fija la actividad de un ser por un cauce determinado es la materia puesto que la materia es el principio de individuación de una cosa en un determinado sujeto. Por su parte la forma, es el principio de unidad específica, que tiende a evadir el orden de las determinaciones individuales. A medida que un ser sobrepasa la materia, y la forma va independizándose de ésta y dominándola, la amplitud y la perfección de su actividad va siendo más grande.[8]

[5] Aristóteles, *Metafísica*, 1030a.

[6] Alan Gotthelf, James Lennox, *Philosophical issues*, p. 230.

[7] *Ibidem*, p. 10.

[8] Manuel Ocampo, "Aspectos fundamentales del acto libre en el pensamiento de Santo Tomás de Aquino". *Sapientia*, 70, 235 (2014), p. 70 [En línea]: http://bibliotecadigital.uca.edu.ar/repositorio/revistas/aspectos-fundamentales-acto-libre.pdf [Consulta: 27 de marzo, 2021].

En términos generales, lo único que distingue a un ser vivo de uno muerto es el movimiento. Dado que la naturaleza es el escenario donde la vida se desarrolla –ámbito de la biología–, y el ser se distingue de otros –estudiados por la física– que no tienen movimiento autónomo.

En primer lugar, hablamos de un ser vivo regido por una ley natural intrínseca, cuya definición se encuentra en el libro de la *Física* de Aristóteles "es el principio de movimiento y reposo del ser".[9] Esto significa que todo ser capaz de moverse a sí mismo –nace, crece, se reproduce y muere– debe ser considerado un ser viviente; está en potencia interna de actualizarse por medio del movimiento *–dunameis–*, sin necesidad de ser movido por otro factor externo que no sea él mismo desde el reposo y el cambio.[10] A su vez, dicha potencia interna es a lo que llamamos naturaleza *–phusei–*; la causa eficiente para que las cosas se hagan, pues las anima para actuar.[11]

El movimiento es la actualización de la potencia del ente que realiza hacia una potencia pasiva ante el cambio. Según Aristóteles hay de varios tipos: puede venir al ser como natural o de acuerdo a su naturaleza *–kata phusin–*, forzado *–biâi–*, o violentado en contra de su naturaleza *–para phusin–*. Es causado por contrarios, del reposo al movimiento y viceversa, y la naturaleza tiene la capacidad de poseer ambos estados.[12]

El movimiento de los nuevos seres es otorgado por el padre y la materia por la madre. Empieza desde lo más sencillo, pero autónomo, hasta los movimientos más complejos, mismos que, por naturaleza, tiene potencial de desarrollar.[13] Una cosa viene a ser en beneficio de la maduración de un organismo funcional que resulta del desarrollo en otro, si y sólo si:[14]

- lo uno (A) es necesario que por las mejores razones posibles continúe a ser otro (B);

---

[9] Aristóteles, *Física*, 192b20–23.
[10] Aristóteles, *Metafísica*, 1049b5–10.
[11] Aristóteles. *Física*, 198a24–27; *Metafísica*, 1044 a32-b1.
[12] Aristóteles. *Física*, 255a5–18.
[13] Alan Gotthelf, James Lennox, *Philosophical issues*, p. 18.
[14] *Ibidem*, p. 213.

- este cambio es en parte la actualización de otro (B) potencial que no puede ser reducible a la suma de actualizaciones de los elementos potenciales cuya identidad no menciona la forma de otro (B).

Para Aristóteles, tener un alma es estar vivo, poseer un movimiento sin necesidad de ser movido por otro. Hay diferentes tipos de seres que se mueven por sí solos, por ejemplo: plantas, animales y hombres, y cada uno de ellos con diferentes funciones: crecimiento, nutrición –reproducción–; locomoción, percepción; e intelecto –pensamiento–. A su vez, a estos movimientos les corresponde un tipo de alma: nutritiva –plantas–; sensitiva –animales–; y racional –hombres–.[15]

Es así que cada ser vivo cuenta con un movimiento específico, además de una complejidad jerárquica en su forma de vivir. En ese sentido, las plantas sólo alcanzan una inmanencia –recibir de lo exterior e interiorizarlo– en su forma más básica: nacer, crecer, reproducirse y morir. Siguiendo esta idea, las plantas crecen por medio de su alma nutritiva, los animales lo hacen de igual manera, pero además se mueven de un lado a otro gracias a su alma sensitiva. Finalmente, los seres humanos crecen, tienen locomoción y a esto se le agrega la inteligencia, de modo que son capaces de moverse a sí y a otros de manera física y mental, dada su capacidad racional.[16]

Todo viviente tiene un movimiento en común y su falta es la única forma de saber cuándo algo ha muerto. La naturaleza señala su poca utilidad ante las cosas que no se mueven, como una piedra. Por naturaleza se entiende: "Aquello de que provienen es naturaleza, y naturaleza es aquello según lo cual (llegan a ser) (lo generado tiene, en efecto, naturaleza: es, por ejemplo, planta o animal), y aquello bajo cuya acción (se generan) es la naturaleza forma de la misma especie (si bien ésta se da en otro): en efecto, un hombre engendra a un hombre. Así ciertamente, se generan las cosas que se generan mediante la naturaleza".[17]

[15] Aristóteles, *Acerca del alma*, 413a23.

[16] Alejandro Serani Merlo, *El viviente humano*, p. 98.

[17] Aristóteles, *Metafísica*, 1032a.

Estos movimientos específicos son la causa final que determina la formación de la materia, y a su vez, son propios de ese ser y no de otro, por lo que indican la individualidad del feto y su potencialidad de ser un individuo a partir de su movimiento actual.[18] Con la reproducción, los seres garantizan su permanencia, no en el individuo, pero sí en la especie, gracias a la forma heredada.

Para ahondar más en el movimiento, recordemos que en el segundo capítulo mencionamos que, por medio de la observación, podemos darnos cuenta de la existencia de tres tipos de seres animados: plantas, animales y hombres. En ese sentido, es preciso identificar claramente los conceptos desde sus definiciones básicas, por lo que nos basaremos en la metafísica, al ser la ciencia primaria. A través de esta metodología, se pueden aclarar de una manera adecuada los términos utilizados por Giubilini y Minerva a la hora de aplicar conceptos como "acto y potencia" para sostener su propuesta.

Aristóteles señala que la naturaleza se encuentra constituida por principios,[19] compuestos por aquello con lo que algo comienza a ser: materia, forma y privación -bronce a partir del cual se hace la estatua-.[20] La materia y la forma -siendo contingentes- pueden

---

[18] Alan Gotthelf, James Lennox, *Philosophical issues...*, p. 18.

[19] Aristóteles sostiene sobre el principio: "Se dice en primer lugar del punto de partida de la cosa; uno de los extremos reside este principio, correspondiendo con él otro principio al extremo opuesto; De aquello mediante lo que puede hacerse mejor una cosa; no siempre hay precisión de empezar por la noción primera y el comienzo de la ciencia, sino por lo que puede facilitar el estudio; La parte esencial y primera de donde proviene una cosa; Es la causa exterior que produce un ser, aquello en cuya virtud comienza el movimiento o el cambio; Es el ser, por cuya voluntad se mueve lo que se mueve, y muda lo que muda; Lo que ha dado el primer conocimiento de una cosa: las premisas son los principios de las demostraciones; Lo común a todos los principios es, que son el origen de donde se derivan, o la existencia, o el nacimiento, o el conocimiento; Entre los principios hay unos que están en las cosas y otros que están fuera de las cosas". *Metafísica,* 1012b-1013a.

[20] En cuanto al ser: "Hay, ser accidental, esto o aquello es el accidente de esta cosa; porque uno y otro son accidentes del mismo ser; porque el objeto del cual es accidente, es; Cuando el sujeto del accidente y el accidente son ambos accidentes de un mismo ser; Cuando el accidente se da en un ser; Cuando el ser, en que se encuentra el accidente, es tomado como atributo del accidente; El ser en sí tiene acepciones como categorías hay, porque tantas cuantas se distingan, otras tantas son las significaciones dadas al ser: Esencias la racionalidad propia del hombre. Cualidades la bondad. Cantidad la gordura. Relación hombre con la racionalidad. Acción o pasión el hombre es capaz de conocer y ser conocido. Lugar. Tiempo; Ser, significa que una cosa es verdadera; no-ser, que no es verdadera, que es falsa, y esto se verifica en el caso de la afirmación como en el de la negación; Finalmente, ser y siendo ex-

comprenderse como causas secundarias,[21] a su vez, el artífice es quien da la causa primera –Dios– y origina seres.[22] Por otro lado, la privación puede entenderse de la siguiente manera:[23]

- Cuando un ser no tiene alguna cualidad que no debe encontrarse en él, a causa de su naturaleza. Por ejemplo, la gallina posee alas, pero por estar privada, no puede volar.
- Hay también privación cuando un ser debe tener naturalmente una cualidad en una época determinada, pero llega determinado momento y no la tiene. Por ejemplo, los árboles pierden sus hojas durante el invierno.
- Cuando no se tiene tal facultad donde se debe tener, aplicada a los objetos a que debe aplicarse, en las circunstancias y manera convenientes. Por ejemplo, el estado de coma de una persona.
- La supresión violenta también se llama privación. Por ejemplo, cortarle las alas a un pájaro para que no vuele.
- Cuando está en pequeña cantidad, o bien, cuando esta cosa se hace difícilmente o mal. Por ejemplo, añadir una

presan tan pronto la potencia como el acto de estas cosas de que hemos hablado. El cambio se dice de lo que está en movimiento y de lo que puede estarlo". *Ibidem*, 1017a-1017b.

21 En cuanto a la causa: "La materia de que una cosa se hace. La noción de la esencia; Al primer principio del cambio o del reposo; Aquello que hace es causa de lo hecho, y lo que imprime el cambio lo es de lo que experimenta el cambio; el fin, y entiendo por esto aquello en vista de lo que se hace una cosa; todos los intermedios entre el motor y el objeto". *Ibidem*, 1013a-1014a.

22 "La existencia de Dios puede ser probada de cinco maneras distintas [...] La segunda es la que se deduce de la causa eficiente. Pues nos encontramos que en el mundo sensible hay un orden de causas eficientes. Sin embargo, no encontramos, ni es posible, que algo sea causa eficiente de sí mismo, pues sería anterior a sí mismo, cosa imposible. En las causas eficientes no es posible proceder indefinidamente porque en todas las causas eficientes hay orden: la primera es causa de la intermedia; y ésta, sea una o múltiple, lo es de la última. Puesto que, si se quita la causa, desaparece el efecto, si en el orden de las causas eficientes no existiera la primera, no se daría tampoco ni la última ni la intermedia. Si en las causas eficientes llevásemos hasta el infinito este proceder, no existiría la primera causa eficiente; en consecuencia no habría efecto último ni causa intermedia; y esto es absolutamente falso. Por lo tanto, es necesario admitir una causa eficiente primera. Todos la llaman Dios". Santo Tomás de Aquino, *Suma Teológica I*, cuestión 2, artículo 3.

23 Aristóteles, *Metafísica*, 1022b-1023a.

extensión de pelo a una persona, o el segundo piso del Periférico en la Ciudad de México.

Estos principios también pueden ser entendidos como causas de la realidad natural -aquello por lo cual algo comienza a ser-. El primer nivel de sustancia en la naturaleza es la materia o sustrato, forma o compuesto.[24] En ese sentido, la sustancia móvil o *kinética*, refiere a la generación o corrupción, o bien, a la sustancia viva o psíquica -la madera es la naturaleza de la cama-. Lo que se hace artificialmente no es naturaleza, la cual debe ser lo que permanece constantemente, es decir, permanecer en el continuo de hacerse, una *praxis* de perseverancia o constancia.

A su vez, todas las cosas de la naturaleza se conforman de cuatro causas:[25]

1. Material, responde a la pregunta ¿de qué está hecho? Como atiende los aspectos que conforman a la cosa -no todo tiene causa material- es necesaria para que la cosa sea; así, se encuentra en potencia de ser determinada por la forma para su debida función, pues no sólo permite la ejecución, sino que garantiza la permanencia de la función.[26]

---

[24] Respecto a la naturaleza: "La generación de todo aquello que crece, luego la materia intrínseca de donde proviene lo que nace; y además el principio del primer movimiento en todo ser físico, principio interno y unido a la esencia. Y se llama crecimiento natural de un ser, el aumento que recibe de otro ser, ya por su adjunción, ya por su conexión. La conexión difiere de la adjunción en que no hay más que un simple contacto, mientras que en los demás casos hay en los dos seres algo que es uno, y que en lugar de un contacto, produce su conexión, y hace de estos dos seres una unidad bajo la relación de la continuidad y de la cantidad, pero no bajo la relación de la cualidad: un embrión; La sustancia bruta, inerte y sin acción sobre sí misma de que se compone y se forma un ser físico; los elementos de las cosas naturales; la naturaleza es la esencia de las cosas naturales; de todo objeto que es naturalmente, o que ya deviene o se hace, y que posee en sí el principio natural del devenir o del ser, no decimos que tiene una naturaleza, cuando aún no tiene esencia y forma; Toda esencia toma en general el nombre de naturaleza, a causa de la misma de que hablamos, porque la naturaleza es también una especie de esencia; es la esencia de los seres, que tienen en sí y por sí mismos el principio de su movimiento". Aristóteles. *Metafísica*, 1014b-1015; sobre sustancia ver 1117a-1117b.

[25] Aristóteles, *Física*, 198a.

[26] Alan Gotthelf, James Lennox, *Philosophical issues…*, p. 394.

2. Formal, responde a la pregunta ¿qué es?, ya que atiende a la cosa misma.

3. Eficiente, responde a la pregunta ¿quién la hizo?, o ¿qué lo hace ser?, pues atiende el origen de la cosa siendo ésta el hombre –si es artificial–, y la naturaleza o Dios –si es natural al ser creado–.

4. Final, responde a la pregunta ¿para qué está hecho? Atiende a la finalidad de la cosa, la cual es originaria en su ejecución. Es el inicio de la cosa para cumplir su meta.

Estas causas son intrínseca cuando constituyen al ser como la materia y la forma; o extrínsecas si tienen un principio fuera de ellas, eficiente y final.[27] Aterricemos estas ideas en el hombre:

1. Causa materia que es el cuerpo humano, el principio del ser o lo natural que se encuentra en potencia de ser determinado o informado en acto.[28] A su vez, la materia de cierto modo limita a la forma, ya que no puede ser actualizada por cualquier forma, sólo por la que puede informar. El cuerpo existe para un fin: ser el órgano o instrumento del alma.[29]

2. Causa formal que es el alma racional, lo que hace al ser humano, ser un humano, debido a su movimiento racional esencial y no accidental:[30]

   En efecto, el hombre funciona como materia, pero la materia no produce tal tipo de diferencia, así como tampoco los individuos humanos son especies de hombre por ello, por más que sean diversas las carnes y los huesos de que se componen este individuo y el otro, sino que el compuesto es diverso, pero no diverso en cuanto a la especie, puesto que no se da contrariedad en la forma. Y ésta, por su parte, es lo último indivisible. Calías es la forma

[27] Alejandro Serani, *El viviente humano*, p. 105.
[28] Alan Gotthelf, James Lennox, *Philosophical issues…*, p. 362.
[29] Aristóteles, *Acerca del alma…*, 415b.
[30] Alan Gotthelf, James Lennox, *Philosophical issues…*, p. 364.

con la materia. Y también lo es el hombre-blanco, porque Calías es blanco. Y el hombre, ciertamente, es blanco accidentalmente.[31]

El alma, o principio de movimiento, es la primera actualización de un cuerpo capaz de tener vida y un estilo de vida propio a su naturaleza.[32] De esa forma, el feto no es mera materia sino ya se encuentra desarrollo de una especie específica, la de hombre.

3. Causa eficiente; es la naturaleza, el factor externo que informa a la materia.[33]

4. Causa final que es ser feliz, lo cual es condición de vida sin importar si hay una atrofia o privación que impida ser funcional en el entorno.[34] Cumplir este fin no es por casualidad o de manera accidental, sino por el bien del ser, lo cual es necesario para su funcionalidad y supervivencia, además porque delimita los movimientos propios del ser.[35]

Todo ser tiene un fin al que tiende durante su existencia, por medio de la actualización de sus potencias. Cada cosa es un ser en sí misma, pero no todas de ellas son necesarias para conformar al ser. Dicho de manera más clara, para Aristóteles, hay cosas sustanciales –forman parte necesaria para que una cosa sea–, y otras accidentales –pueden estar o no en las cosas sin afectarlas por completo–.

A la par de la naturaleza, es preciso abordar también la sustancia, que podemos entender de la siguiente manera:[36]

- Se dice de los cuerpos simples, como el agua.
- No son los atributos de un sujeto, sino que son ellas mismas sujetos de otros seres.
- Es la causa intrínseca de la existencia de los seres que no se

[31] Aristóteles, *Metafísica*, 1058b.
[32] Cfr. Alan Gotthelf, James Lennox, *Philosophical issues…*, p. 376-379.
[33] *Ibidem*, p. 361.
[34] *Ibidem*, p. 249.
[35] *Ibidem*, p. 251.
[36] Aristóteles, *Metafísica*, 1017a-1017b.

refiere a un sujeto. Para Anaxímenes era el aire el que constituía los cuerpos y el cosmos.

- El carácter propio de cada ser, cuya noción es su definición, la esencia del objeto.
- Tiene dos acepciones, designa al último sujeto que no es atributo de ningún ser, o al ser determinado pero independiente del sujeto, es decir, su forma y figura. El alma es la forma de los seres vivos.

Por otro lado, respecto al accidente consideremos los siguientes puntos:[37]

- Se dice de lo que se encuentra en un ser y puede afirmarse con verdad, pero que no es, sin embargo, ni necesario ni ordinario. Por ejemplo, ir a la plaza y encontrarse a un viejo amigo; ni es lo uno consecuencia, ni resultado necesario del otro. Si sucede una cosa, cualquiera que sea, aun en ciertas circunstancias de lugar y de tiempo, pero sin causa que determine su esencia, sea actualmente, sea en tal lugar, se tratará de un accidente.
- El accidente no tiene ninguna causa determinada, sólo una fortuita que es indeterminada. Se produce, pero no tiene la causa en sí mismo, y sólo existe en virtud de otra cosa. Por ejemplo, que caiga un avión del cielo.
- Se dice de lo que existe de suyo en un objeto, sin ser uno de los caracteres distintivos de su esencia; por ejemplo, que haga calor en invierno.

La sustancia es el compuesto de materia y forma, pero no cualquier materia compete a cualquier forma. La viñeta de la que se vale Aristóteles para explicar su punto es la de un hacha, cuyo material le permite cumplir con su función específica, es decir, cortar.[38] De

---

[37] Aristóteles, *Metafísica*, 1025a.

[38] Aristóteles, *Partes de los animales*, 642a.

esta manera, el filósofo identifica los requisitos para dicho objeto:[39] función substancial de la actividad natural, es decir, dividir la madera;[40] aquella cosa necesaria para llevar acabo su función, y por último, buscar en el mundo algo que le sea adecuado. Por tanto, el hacha necesita metal para cortar, ya que tiene las cualidades necesarias para realizar dicha función, en cambio, la mantequilla, lana o madera no servirían.[41]

El hombre se forma por la combinación de dos co-principios co-relativos y juntos conforman una sola substancia, un compuesto hilemórfico: la materia –cuerpo– y la forma –alma–, dada por sus progenitores con el esperma –movimiento– y el óvulo –materia–. Estos componentes son indispensables para formar al hombre, y éste, de manera independiente de los padres, arranca su desarrollo comenzando por cada órgano, cuyo fin particular es cumplir la función para la cual se está formando o ya se encuentra formada: "No hay nada que sea humano que sea independiente del ser humano; el cuerpo humano es en sí mismo un ser [...] no puede hacer separación entre lo que es una substancia y lo que la substancia es".[42] El hombre no es cuerpo y no es alma, sino el conjunto ambos:

> El hombre vive por sí mismo, ya que el alma es una parte del hombre y en ella se da la vida de modo inmediato; además aquello que no tiene otra causa: del hombre, desde luego, son muchas las causas — «animal», «bípedo»—, pero no es menos cierto que el hombre es, por sí mismo, hombre; además, todas las propiedades que pertenecen a una cosa sola, y en tanto que es ella sola, por darse separada, –le pertenecen a tal cosa– por sí misma.[43]

El hombre es una nueva sustancia que surge de la combinación de las anteriores. Es por la causa final y necesaria que se determinan la formación y desarrollo del nuevo ser:[44]

---

39 Alan Gotthelf, James Lennox, *Philosophical issues*, p. 394-395.

40 Aristóteles, *Partes de los animales*, 640a.

41 Aristóteles, *Metafísica*, 1044a.

42 Alan Gotthelf, James Lennox, *Philosophical issues*, p. 368.

43 Aristóteles, *Metafísica*, 1022a.

44 La necesidad significa, por un lado, que, si aquello es el fin, estas condiciones se dan por necesidad; por otro, que las cosas son así y lo son por naturaleza. Aristóteles, *Sobre las partes*

> Existen, pues, estas dos causas, la causa de finalidad y la de necesidad; muchos hechos se producen, efectivamente, porque hay necesidad. Pero, quizás, uno se podría preguntar de qué necesidad hablan los que dicen "por necesidad", pues realmente ninguno de los dos modos de necesidad definidos en los tratados de Filosofía es posible que se dé aquí. La tercera se da en los seres que tienen un proceso de formación; decimos, en efecto, que la alimentación es algo necesario no según ninguno de los dos primeros modos, sino porque no es posible existir sin ella. Ésta es como una necesidad condicional. Como, por ejemplo, puesto que es preciso que el hacha corte, hay necesidad de que sea dura y, si es dura, de bronce o de hierro, y de la misma manera, puesto que el cuerpo es una herramienta -pues cada una de sus partes sirve para algo, y lo mismo el todo–, hay consecuentemente necesidad de que sea así y hecho de tales elementos, si debe ser aquella herramienta.[45]

El siguiente diagrama permitirá observar en conjunto el planteamiento que establece una analogía entre el hacha y el hombre:[46]

agente	herramienta	movimiento	resultado	material
carpintero	sierra	producción	casa	madera
padre	semen	calor	bebé	flujo menstrual

Tanto el semen como el fluido menstrual son necesarios para el origen del embrión, sin embargo, éste comienza su desarrollo independiente cuando se nutre de la madre por medio del cordón umbilical, así como al tener otro tipo de sangre y comenzar con la formación de cada uno de sus órganos, comenzando por el corazón, el más vital.

---

de los animales, 641b.

45 *Ídem.*

46 Alan Gotthelf, James Lennox, *Philosophical issues,* p. 400.

Existen accidentes substanciales que determinan de cierta forma al ser substancial, sin embargo, hay algunos necesarios y otros no. De esta manera, su existencia es mejor al tener todas las funciones a realizar por las partes que posee; sin embargo, no todas éstas son indispensables para cumplir su fin que es la felicidad. Además, el conocimiento de la relación de nuevas formas y de lo que afecta al ser vivo le otorga un valor de nocivo o atractivo a la cosa aprehendida:

> Aristóteles distingue entre decir 'todo en conjunto no puede ser de otro modo' y 'lo que al menos es bueno': para sobrevivir del todo y ejecutar sus funciones esenciales una creatura debe tener aquellas características definidas de un ser humano así como sus partes, por ejemplo: el corazón y el hígado, pero Aristóteles piensa que no se puede no tener riñones para desechar la orina, ni los testículos para reproducirse. Con un riñón y testículos el hombre puede ser mejor como creatura, pero no son necesarios.[47]

Recordemos que el hombre es un compuesto hilemórfico de cuerpo –potencia– y alma –acto–, donde es necesaria la unión de ambas sustancias para ser. Sin cuerpo no hay hombre y sin alma tampoco. En ese tenor, para ser una entidad son necesarios tres elementos:[48]

1. La materia, que es *un esto* sólo en apariencia –en efecto, materia y sustrato son todas las cosas que están en contacto sin formar, sin embargo, una unidad natural–.
2. La naturaleza, la cual es *un esto* y cierto estado al cual se dirige la generación.
3. La individual, compuesta de aquéllas, como afirman Sócrates o Calías.

Es por eso que en el estudio acerca del hombre es necesario tomar en cuenta todas estas esferas, en donde se mueve, vive y es: "Curiosa condición ésta, la de un espíritu metido en un animal, y que

47 Alan Gotthelf, James Lennox, *Philosophical issues…*, p. 256.
48 Aristóteles, *Metafísica*, 1070a.

hace que el espíritu no sea tan espíritu ni el animal tan animal".[49] En la libertad, el individuo no puede hacer lo que sea, sino se encuentra condicionado por el cuerpo a satisfacer primero las necesidades básicas y luego las espirituales.

En la armonía del cosmos, vista por los pitagóricos, es donde el hombre encuentra su unidad ante la dualidad que lo compone, de modo que una vida lograda es la conjunción de ese compuesto, como sucede con una canción, formada por notas que juntas dan pie a una armonía, acompañada de una letra, mediante un proceso paulatino, pero que desde su inicio tiene el fin de lograr la pieza musical.[50]

Ante la propuesta de el "aborto después de nacer", se debe precisar que Giubilini y Minerva han tomado al embrión como portador o bien, si tiene alguna condición incapacitante o una enfermedad, terminan dando más valor a una parte y no al todo.[51]

Argumentan desde la unidad de las partes y no desde las partes que por el proceso de desarrollo llegarán a cumplir su fin, y aunque no se distingan en acto, no es justificación para descartar al ser por completo. Sin embargo, si se va a analizar al ser que habita en el vientre de la madre, se deben estudiar tanto sus partes como el todo.

3.2 ¿Qué es primero: el huevo o la gallina? Un problema metafísico

Como ya hemos revisado, Giubilini y Minerva exponen que el feto y el recién nacido son personas potenciales, pues no tienen un proyecto a futuro y además, son incapaces de apreciar su propia vida. De esa manera, atentar contra ellos no sería realmente un "daño", pues no

49 Alejandro Serani Merlo, *El viviente humano*, p. 59.

50 Eduardo Nicol, *La idea del hombre*, p. 185.

51 "Tan raras y severas patologías quedan sin ser detectadas hasta el parto; son más comunes las enfermedades congénitas que las mujeres son puestas a prueba y que no han sido detectadas [...] como el síndrome de Down [...] una vez que han nacido no le queda de otra a los padres más que conservarlos, lo que es exactamente lo que no hubieran hecho si hubieran diagnosticado la enfermedad antes del parto." Alberto Giubilini, Francesca Minerva, "After-birth abortion...", p. 1.

son conscientes de lo que se les hace.[52] Para analizar su ejercicio lógico y sus fallas, es importante aclarar a lo que se refieren por acto y potencia.

"¿Quién es" es la pregunta por excelencia en el estudio del hombre y no "¿qué es?". Esto se debe a que las personas pueden darse cuenta de su existencia y alrededor, así como cuestionarlo; el resto de los seres existentes no tienen la capacidad de reconocerse a sí mismos ni tampoco al entorno donde se encuentran. El hombre puede saber que las cosas son o no son, por lo que pueden ser y no ser al mismo tiempo; por ejemplo, el lector de este texto no puede estar leyéndolo y a la vez no hacerlo.

Por otro lado, nuestro lenguaje está lleno de conceptos que suenan redundantes; veámoslo con un ejemplo, si digo: "Yo soy Ana", ¿por qué decir "yo", luego "soy" y después mi nombre? Lo único añadido a que yo como individuo estoy y me llamo así, es el nombre propio y no otras palabras evidentes –sabemos que estás aquí y eres un individuo pensante–. Así, usamos de manera redundante que somos y somos individuales, distintos a los demás.

Cuando comenzamos a hablar de nosotros, lo hacemos como sujeto; no una descripción de lo que somos, sino de quién soy yo –mi pasado y mi presente determinan el porvenir–. También sumamos algunas ideas o planes para el futuro, dando a entender que aún no logramos ser todo lo deseado y tenemos algunas otras cosas por hacer para ser. Todo hombre es perfectible, no imperfecto ni perfecto, sino un punto intermedio, como lo explicó Sócrates a propósito del dios Eros. Al ser perfectible, el individuo se levanta todos los días para conquistar sus sueños y ser la mejor versión de sí mismo; si no fuera de esa manera, ya sea perfecto o imperfecto, ¿qué caso tendría despertar cada mañana? En esta sola acción hay una solución en acto y potencia.[53]

---

[52] *Ibidem*, p. 3.

[53] Reproduzco un fragmento esclarecedor para este punto: "¿Crees que lo que no sea bello necesariamente habrá de ser feo?
-Exactamente.
-¿Y lo que no sea sabio, ignorante? ¿No te has dado cuenta de que hay algo intermedio entre la sabiduría y la ignorancia?
-¿Qué es ello?

Al mencionar acto y potencia, nos encontramos con dos vertientes: lo que somos, y lo que podemos llegar a ser en función de nuestras capacidades. Es decir, ya somos personas, pensantes, sexuados, vivientes, hijos, etcétera, esto es parte nuestra, sin embargo, podemos cambiarlo, algún día moriremos, quedaremos huérfanos o estudiaremos. Es posible ser mejores que ayer y esto es una potencia que, al lograrla, se vuelve un acto. Si nos preguntamos acerca de la potencia en el hombre, Aristóteles expone el siguiente ejemplo:

> Si se produce cuando es deseado (por el agente), si no hay impedimento alguno exterior; en el caso delo que es sanado, por su parte, si no hay impedimento alguno interno a ello mismo [...] el esperma no es aún en potencia hombre (puesto que tiene que depositarse en otro y transformarse), pero una vez que ha llegado a ser tal, por el principio que le es propio, entonces ya lo es en potencia. En su estado previo necesita, sin embargo, de otro principio, al igual que la tierra no es en potencia aún una estatua (en efecto, será bronce una vez que haya cambiado).[54]

¿Qué fue primero, el huevo o la gallina? Ésta tuvo que ser primero al ser capaz de cuidar y alimentar aquél, mantenerlo caliente, pues moriría de frío sin ella. De esa manera, las condiciones para el desarrollo de la potencia se dan a partir de algo determinado que permite su actualización: "Y es que lo que es en acto se genera siempre de lo que es en potencia por la acción de algo que es en acto, por ejemplo, un hombre por la acción de un hombre [...]".[55] En ese sentido, el hombre no debe pensarse como un ser acabado, sino como uno perfectible, en movimiento para la realización de su fin que es la plenitud.

-¿No sabes -dijo- que el opinar rectamente, incluso sin poder dar razón de ello, no es ni saber, pues una cosa de la que no se puede dar razón no podría ser conocimiento, ni tampoco ignorancia, pues lo que posee realidad no puede ser ignorancia? La recta opinión es, pues, algo así como una cosa intermedia entre el conocimiento y la ignorancia.
-Tienes razón -dije yo.
-No pretendas, por tanto, que lo que no es bello sea necesariamente feo, ni lo que no es bueno, malo. Y así también respecto a Eros, puesto que tú mismo estás de acuerdo en que no es ni bueno ni bello, no creas tampoco que ha de ser feo y malo, sino algo intermedio, dijo, entre estos dos". Platón, *El banquete*, Madrid, Gredos, 1998, 202a-b.

54 Aristóteles, *Metafísica*, 1049a.

55 *Ibidem*, 1049b.

Aterrizando estas ideas al tema que nos compete, el ser en el útero de la madre, desde su concepción, es un humano en acto, afectado por el desarrollo biológico, y por consiguiente, vivo, dotado ya de capacidades y facultades propias: "En efecto, todo ser que se engendra realiza su proceso de formación a partir de algo y para algo, y a partir de un principio hacia un principio, de la primera causa motriz y que ya tiene una naturaleza propia hacia una forma u otro fin semejante. De hecho, un hombre engendra a un hombre y una planta a una planta a partir de la materia subyacente a cada uno".[56]

La unión del esperma con el óvulo es condición de posibilidad del ser humano, sin ambas sustancias no se puede comenzar la vida; las dos son portadoras del movimiento propio del ser que animan: "[el cual] se identifica con los movimientos. Al principio es alma nutritiva en acto, pero potencialmente dentro se encuentran latentes los movimientos del alma sensitiva, los cuales serán actualizados en las partes del cuerpo en tanto el proceso de crecimiento. Desde la concepción los movimientos del alma son potencialmente los del alma adulta".[57]

El alma va informando y actualizando todas las operaciones del cuerpo para llegar a su fin, es decir, a su función. Una vez nacida la persona, se ve reflejada en su vida y sus acciones la potencialidad del futuro que va actualizándose con sus actos; asimismo, se puede reflejar este proceso continuo en la libertad, ejercida cuando el individuo se realiza históricamente, renovando cada una de sus potencias.

Por su lado, las facultades espirituales, al ser inmateriales, existen desde la concepción, y a su vez, se van desarrollando junto con el cuerpo para lograr su fin. La racionalidad no llega ni se añade después, es parte del hombre y por tanto, no es mera potencia, sino un acto debido a que pertenece al cuerpo. Aristóteles habla acerca de la composición de los seres en tres partes:

> Puesto que hay tres tipos de composiciones, se podría poner como primera la que resulta de lo que algunos llaman elemen-

[56] Aristóteles, *Partes de los animales*, 646a.

[57] Alan Gotthelf, James Lennox, *Philosophical issues…*, p. 282.

> tos, es decir, tierra, aire, agua y fuego [...] En efecto, lo húmedo, lo seco, lo caliente y lo frío son materia de los cuerpos compuestos; las otras diferencias son consecuencia de éstas, por ejemplo, la pesadez, la levedad, la densidad, la falta de densidad, la rugosidad, la lisura y las otras propiedades semejantes de los cuerpos.
>
> La segunda composición de los primeros elementos constituye en los seres vivos las partes homogéneas, como el hueso, la carne y las otras partes semejantes que surgen a partir de la nutrición.
>
> La tercera, y última en cuanto al número, es la de las partes no homogéneas, como el rostro, la mano y las partes semejantes.[58]

Lo único que distingue un ser vivo de uno muerto es el origen del movimiento, pues en los segundos, el movimiento viene de fuera y no de sí mismos, en cambio, aquéllos tienen la capacidad hacerlo desde su interior. La naturaleza es el escenario donde la vida se desarrolla por medio de conductas y comportamientos, de esa forma, los vivientes se distinguen de otros sin movimiento.[59] En consecuencia, las cosas naturales tienen un inicio que va evolucionando por etapas hasta conformar la entidad:

> Las cosas que son posteriores en cuanto a la generación son anteriores en cuanto a la forma específica es decir, en cuanto a la entidad (así, el adulto es anterior al niño, y el hombre al esperma: pues lo uno posee ya la forma específica y lo otro, no), y porque todo lo que se genera progresa hacia un principio, es decir, hacia un fin (aquello para lo cual es, efectivamente principio, y el aquello para lo cual de la generación es el fin), y el acto es fin, y la potencia se considera tal en función de él: desde luego, los animales no ven para tener vista, sino que tienen vista para ver, y de igual modo, se posee el arte de construir para construir, y la capacidad de teorizar para teorizar, pero no se teoriza para tener la capacidad de teorizar, a no ser los que están ejercitándose: y es que éstos no teorizan, a no ser de este modo, o bien, porque no necesitan en absoluto teorizar.[60]

[58] Aristóteles, *Partes de los animales*, 646a-646b.
[59] Alejandro Serani, *El viviente humano*, p. 52.
[60] Aristóteles, *Metafísica*, 1050a.

Aun sin los avances biológicos y tecnológicos actuales, es posible mostrar que el feto es hombre en acto desde su formación. La mujer aporta la materia o "residuo", como le llama Aristóteles; el óvulo, material informado por el esperma que otorga el alma, comienza el movimiento nutritivo por medio del cual se alimenta este nuevo ser: "Así es la potencia del alma nutritiva: igual que en los propios animales y en las plantas produce más adelante el crecimiento a partir del alimento, sirviéndose del calor y del frío a modo de instrumentos (pues en estos se plasma su movimiento y cada cosa se forma según una cierta razón), así también este alma desde el principio da cuerpo al ser que se está formando según la naturaleza".[61].

Por ejemplo, las plantas crecen a través de su alma nutritiva, los animales también lo hacen, pero además se mueven de un lado a otro gracias a su alma sensitiva. Finalmente, los seres humanos no sólo crecen y tienen locomoción, sino que al tener inteligencia, son capaces de moverse y mover a otros, sin necesidad de movimiento físico, únicamente de manera mental, dada su capacidad racional. Están habilitados para reconocer al otro como un individuo de su misma especie, con las mismas facultades, por lo que impedir el movimiento vital sería ir en contra de la propia naturaleza. Todo viviente tiene un movimiento en común y la forma de saber que ha muerto, es cuando éste cesa.

3.3 Individuación: el todo es mayor a la parte

Giubilini y Minerva afirman que la discapacidad es un impedimento para el sujeto y para la sociedad. En este planteamiento se basan para justificar su postura:

> La eutanasia en los infantes se ha propuesto por filósofos para niños con severas anomalías cuyas vidas no se tiene expectativa de vida y quienes experimentarán un sufrimiento insoportable [...] Algunos profesionales médicos han reconocido la necesidad de

[61] Aristóteles, *Reproducción de los animales*, 740b.

> líneas a seguir acerca de casos en donde la muerte parece ser del mejor interés del niño. Por ejemplo: en Holanda existe el Protocolo Groningen –2002– permite terminar activamente la vida de niños con un pronóstico desesperanzador a lo que los padres y médicos expertos pronostican ser un sufrimiento insoportable.[62]

Entienden que el bien de la sociedad es más valioso que el del individuo; en ese sentido, la perspectiva aristotélica se encontraría a favor de este principio desde la política, por ello, es necesario echar mano de la filosofía medieval, con el fin de explicar la importancia del individuo sobre la especie.[63]

Para comenzar a estudiar al ser humano desde su formación, es importante dejar en claro el principio por el cual la ciencia se debe regir: "El todo es siempre mayor a la parte"; es decir, cada componente de cualquier ser es necesario para que el todo se desarrolle y funcione, pero el ser no puede ser reducido a una de sus partes; así, el todo es lo que es –ser humano– y no la parte –miembro de la sociedad–.[64] Con los avances de la biología, es posible confirmar que la individuación es un tema de identidad social y además, puede afirmarse desde su naturaleza genética.

El estudio aristotélico nos ha servido de marco hasta ahora, pero en el ámbito de la embriología no resulta suficiente si se quiere llegar a una defensa, pues no profundiza en el tema de la individuación; por ello, se ha de recalcar que el individuo se encuentra sobre la especie y no como un miembro más de la sociedad. A continuación, complementaremos con avances y aportaciones medievales en torno a la individuación.

Este tema tiene auge en la Edad Media, periodo donde se dedicaron a reunir elementos cristianos para dar una visión de

---

62 Alberto Giubilini, Francesca Minerva, "After-birth abortion…", p. 1.

63 "Aunque es razonable predecir el tipo de vida con una severa condición en contra de los mejores intereses del recién nacido, es difícil encontrar argumentos definitivos para que valga la pena vivir con ciertas patologías, aunque esas patologías constituirían razones aceptables para el aborto". *Ídem*. Giubilini y Minerva dejan abierta la discusión ante la falta de argumentos para justificar el aborto.

64 Esta afirmación puede prestarse a que el Estado está por encima de la persona, dado en los ámbitos de la política, sin embargo, nosotros estamos tomando desde la metafísica este principio que nos evita caer en reduccionismos como ya se dijo en el capítulo uno.

preeminencia del individuo sobre la especie y por ello, se introducen nuevos términos para exaltar el valor de cada hombre, según las distintas características dependientes de las variadas influencias filosóficas.[65] Sin embargo, el problema tiene raíz en el planteamiento clásico: "Individualidad es lo que caracteriza a un individuo como individuo (único). Preguntar, pues, acerca de la intención de la individualidad es preguntar qué es ser un individuo como algo que se opone a cualquier cosa".[66]

En ese sentido, podemos enlistar los cuatro los rasgos que caracterizan al individuo:[67]

1. Indivisibilidad que refiere a la homogeneidad de las partes que integran la cosa.

2. Distinción de todos y cada uno de los individuos respecto de los demás, incluso de su misma especie.

3. División, un solo rasgo del individuo.

4. Identidad que es la capacidad de las cosas para permanecer siempre el mismo en el tiempo y el cambio accidental.

Dichas características conforman e identifican a un ser como único dentro de muchos de su misma especie. Aunada a éstas, podría agregarse también la impredicabilidad, el decir algo de otra cosa, el concepto para referirnos a las cosas, no obstante, del sujeto mismo no se puede predicar.

Por otro lado, es pertinente señalar que existen al menos seis sentidos de la palabra individuo:[68]

---

[65] Como en el caso de Descartes quien habla de la individualidad desde el mecanicismo, esta teoría termina influyendo en el pensamiento de John Locke en donde la individualidad no se encuentra en cada parte, sino en el conjunto que se forma y hasta que se encuentre formado se puede comenzar como individuo. Cfr. Kenneth Barber y Jorge García, *Individuation and identity in early modern philosophy*, Nueva York, State University of New York Press, 1994, p. 275.

[66] Jorge García, *Introducción al problema de la individuación en la Alta Edad Media*, México, UNAM, 1997, p. 26.

[67] *Ibidem*, p. 27-39.

[68] Jack Wilson, *Biological Individuality...*, p. 60.

1. Es un particular; una entidad biológica no es universal ni una clase.

2. Es una entidad histórica; una entidad biológica es un individuo histórico si se encuentra compuesto de partes espacio-temporales continuas.

3. Es funcional; una entidad biológica es un individuo funcional si las partes que la componen se encuentran causalmente integradas a una unidad funcional.

4. Es genético; una entidad biológica es un individuo genético si sus partes comparten el mismo genotipo en común.

5. Es un desarrollo individual; una entidad biológica es un desarrollo individual si es el producto de un proceso en desarrollo.

6. Es una unidad de evolución; una entidad biológica es una unidad de evolución si sus funciones son tan importantes unidades en un proceso evolutivo.

Tanto biólogos como filósofos consideran dichos significados a la hora de hablar de la individuación: "Si examinamos cualquier ser vivo, descubrimos que no solo es una cosa o eso; es un ser particular de una especie o de otra".[69] La cosa es y por ende, se distingue de otras por su especie; es algo determinado, no forma parte de una masa disforme, pues ya es un "qué" distinto a los demás; no depende del convencionalismo para ser distinta, sino simplemente puede ser clasificada, sin alterarse. Su origen puede describirse de esta manera:

> Se compone algo que es uno por contacto, de otras por mezcla y de otras por posición, nada de lo cual puede ocurrir con las unidades de que se componen la diada y la tríada. Más bien, así como dos hombres no constituyen algo uno aparte de ambos, así también necesariamente las unidades. Y no cabe decir que son diferentes porque son indivisibles, ya que los puntos son también

[69] *Ibidem*, p.18.

> indivisibles y, sin embargo, la diada que forman tampoco es algo distinto aparte de los dos.[70]

Cada uno de los seres biológicamente individuales se encuentra dotado de una naturaleza específica, desde su constitución física compartida con otros de la misma especie, e incorpora un gran número de características y aspectos en su desarrollo, minuto a minuto, determinados para cumplir con una función.[71] Debido a su complejidad, la composición va formándose para llevar a cabo sus funciones, así se constituye como un todo, aunque para ciertas posturas se trata sólo de partes y no de un ser completo. Este proceso se observa tanto en la conformación física, como en el comportamiento y conductas a futuro, es decir, siguiendo un *telos* o finalidad.

Jack Wilson ronda el problema cuando habla sobre la identidad, ya que este concepto puede tenerse por mero sentido común y no como un análisis exacto de los diferentes organismos vivos a los que ingenuamente se podrían nombrar como individuos.[72] Los ejemplos expuestos por el Estagirita pueden ser confusos o poco atinados cuando mencionamos que la individuación se encuentra indistintamente en todos los seres, pues sus casos reúnen todas las características para considerarlos individuales, pero no las de los individuos: continuidad espacial y temporal; limitación espacio temporal; partes causalmente relacionadas en los compuestos heterogéneos; desarrollo de una sola célula a un cuerpo multicelular; sujeto de una función dañada o que alguna parte sea removida; habilidad de reproducirse sexualmente y homogeneidad genética.

Éstos son algunos de los elementos que se deben analizar para comenzar a hablar de un individuo. Todos los seres vivos lo son a nivel biológico, y desde esa ciencia, podemos comprobar lo que la metafísica establece como las causas de la individualidad, esto dirigido a una teleología en el desarrollo de sus estructuras, funciones y conductas, desde los seres más simples a los más complejos:[73]

---

70 Aristóteles, *Metafísica*, 1082a.

71 Alan Gotthelf, James Lennox, *Philosophical issues*, p. 27.

72 Jack Wilson, *Biological Individuality...*, p. 1-9.

73 Alan Gotthelf, James Lennox, *Philosophical issues*, p. 28.

> Toda entidad viviente es potencialmente finita [...] no es una construcción hecha de objetos momentáneos o de cortes temporales. Por ser potencialmente finita, una entidad viviente puede sobrevivir ciertos tipos de cambios, pero existen otros cambios a los que no puede sobrevivir. Un ser vivo viene a la existencia y persiste en el tiempo. Para cualquier viviente, hay algunos cambios posibles que pueden sobre llevar pero no sobrevivir.[74]

Los seres vivos cambian y se adaptan a las circunstancias que los rodean, pero si no son lo suficientemente fuertes para resistir el cambio, perecerán. Estas transformaciones usualmente son causales para el desarrollo del nuevo ser, sin embargo, no pueden alterarlo de tal manera que pierda su propia especie, pues no es posible que surja algo diferente a la especie causal de sus padres.[75] Por otro lado, ciertos seres no van a vivir por encontrarse en un ambiente adverso, y dada su naturaleza, no podrán sobreponerse: "Si una entidad puede soportar ciertos tipos de cambios, entonces las propiedades que tiene no pueden ser alteradas al ser esenciales, es decir, no puede seguir existiendo sin tales propiedades".[76]

Es importante enfatizar que la adaptación no cambia la sustancia, más bien son transformaciones diferentes a lo que se tiene de origen, pero no se deja de ser. El hombre necesita factores internos para vivir y también otros del exterior; por ello, la madre se nutre, toma lo que le sirve de lo que hay afuera para poder seguir viviendo y conservar la condición de realización, al igual que un hombre adulto lo hace.[77]

Para los biólogos, la individuación se reduce al fenotipo –características externas heredadas–, y al genotipo –herencia genética–, que tienen los organismos sin importar si su reproducción propaga en la especie. En cambio, dentro de la filosofía, la individuación tiene distintas aristas; por ejemplo, Aristóteles la establece como el compuesto hilemórfico de materia y forma en un sujeto;[78] sin

---

[74] Jack Wilson, *Biological Individuality...*, p. 16

[75] Alan Gotthelf, James Lennox, *Philosophical issues...*, p. 28-29.

[76] Jack Wilson, *Biological Individuality...*, p. 16.

[77] Alan Gotthelf, James Lennox, Philosophical issues..., p. 254.

[78] Jack Wilson, *Biological Individuality...*, p. 28.

embargo, para Santo Tomás de Aquino el hilemorfismo no basta y es necesario considerar la forma sustancial o alma que participa desde Dios y, mediante la reproducción, los seres vivos a su vez son capaces de co-crear a otro de su misma especie, de manera que mantengan la vida generación tras generación. La materia y la forma son heredadas por los padres, de modo que humanos sólo pueden procrear humanos y no cualquier otra especie.[79]

En ese sentido, la materia y la forma substancial se unen para generar la existencia de un ser: "La forma substancial es para Aristóteles la explicación de la transformación de mezclas de distintas materias en un complejo objeto biológicamente unificado".[80] Cuando se pierde la forma se pierde el ser;[81] así, el alma es la causa de la integridad material del organismo compuesto y su existencia espacio-temporal.[82]

Planteados ya estos conceptos, es necesario tomar en cuenta también los de generación y corrupción, para lo cual partiré de *El comentario al libro de Aristóteles sobre la generación y corrupción los principios de la naturaleza* de Santo Tomás de Aquino. En dicha obra, se clasifican las ciencias que estudian el movimiento de los seres; la *Física* aparece como la pionera en estudiar el movimiento local; luego *Acerca del alma* en la que habla de los seres generados como causa de otros seres, el principio de ellos y sus movimientos consecuentes, alteraciones y aumento en cada caso particular:[83]

---

79 Alan Gotthelf, James Lennox, *Philosophical issues…*, p. 29.

80 Jack Wilson, *Biological Individuality…*, p. 29.

81 Para Aristóteles la materia se encuentra compuesta de los cuatro elementos propuestos por Empédocles que por su unión y desunión forman seres, pero no completos ya que es necesaria la forma específica de ser para poder desarrollarse en una determinada especie en orden a un fin específico. Al no haber una vida después de la muerte, la dignidad humana queda limitada a su existencia terrenal, lo que puede llegar a determinar su fragilidad al hablar de la defensa de la vida en un plano meramente biológico y no espiritual. Cfr. Alan Gotthelf, James Lennox, *Philosophical issues…*, p. 33.

82 *Ibidem*, p. 29.

83 Santo Tomás de Aquino, "Comentario a la generación y corrupción de Aristóteles", trad. Héctor Velázquez, en *Estudios Tomistas*, Universidad de Navarra (1996) [En línea]: https://www.estudostomistas.com.br/2012/08/comentario-la-generation-y-corruption_3304.html. [Consulta: 12 de abril, 2019].

"Y en lo que respecta a la generación y corrupción de los que se generan y destruyen por naturaleza, esto es, de aquellas cosas que naturalmente se generan y corrompen, debemos distinguir, en todos ellos universalmente del mismo modo, sus causas y se deben determinar las definiciones".[84]

Debemos distinguir todos los elementos de la generación para explicar que en los hombres no se trata de una división o algo inferior y residual. Consideremos que la generación y la corrupción no son absolutas: "Si hay algo que se genere y se destruya en sentido absoluto o bien si nada se genera estrictamente, es decir que, absolutamente o principalmente nada se genera o corrompe y siempre se genera «algo» y a partir de «algo» y en algo".[85] Esto aplica aun si se produjo de contrarios, como lo sano de lo enfermo o de lo grande lo pequeño. A continuación, revisaremos ocho argumentos fundamentales respecto a este planteamiento.

Primer argumento: Si hubiera generación absoluta, algo podría generarse absolutamente de lo que no es. Ahora bien, "en sentido absoluto" puede entenderse de dos maneras; de un primer modo significa o lo primero en cada categoría del ente, en cuanto que ente se dice absolutamente respecto de la sustancia, y de otro modo, según el cual el ente se dice absolutamente, o lo universal donde se comprenden todos los predicamentos y lo omniabarcante. Lo generado absolutamente será necesariamente de la nada, y de la nada, nada sal; de esa manera sería espontánea la aparición de seres.[86]

Segundo argumento: Si algo es generado por otra cosa, entonces "en un sentido, hay generación a partir del no-ente absoluto, mientras que, en otro, siempre tiene lugar a partir de lo que es.

[84] Cfr. Aristóteles, *Acerca de la generación y la corrupción*, Madrid, Gredos, 1987, 314a, 316a14-b18; Santo Tomás de Aquino, *Suma Contra Gentiles*, I, 1, 1. Aristóteles busca comparar la generación no como una división de células de un cuerpo indivisible, dando como resultado algo inferior, sino que pudiera ser igual en magnitud y cualidad, por lo que descarta las teorías de los Presocráticos al no distinguir la generación de alteración (combinación y separación de elementos), sino como Demócrito lo plantea, la unión de células indivisibles. Pero esta unión no podría dividirse para dar otro ser, ya que sería inferior a los originales, no podemos ser parte de un todo.

[85] Santo Tomás de Aquino, *Suma Contra Gentiles*, I, 6, 5.

[86] Cfr. *Ibidem*, I, q. 6, r. 1; I, 6, 2; I, 6, 6.

En efecto, lo que es en potencia, pero no en acto, forzosamente debe ser considerado como preexistente a la generación".[87] La potencia de algo depende del ser, por lo que la generación y corrupción de algo es determinado por el acto. Como se ha mencionado, de la nada, nada sale; es decir, no hay generación espontánea:

> Pues, si no posee ninguna de estas determinaciones categoriales –cantidad, cualidad, lugar– en acto, sino todas en potencia, sucederá primero que el no-ente de que hablamos tendrá realidad separada y, además en segundo lugar se sigue que -lo que más permanentemente temieron los primeros filósofos-, la generación tendrá lugar a partir de un no-ente preexistente pues lo que no es ente en acto es la nada.[88]

Tercer argumento: Como el movimiento tiene causa en un motor primero, la material es la receptora de este movimiento: "La causa clasificada en el orden de la materia, es decir, de la causa material, en virtud de la cual la corrupción y la generación nunca faltan en la naturaleza".[89] Así, podría haber algo que genere y destruya sin ser generado ni destruido.

Cuarto argumento: Tampoco es posible que algo exista siempre, pues no puede haber generación si ésta es infinita, por lo que "[...] solamente existe esta generación, una generación incesante, porque en ella siempre se generaría algo cada vez más pequeño en cantidad. Sin embargo, esto no es lo que actualmente vemos que suceda, que siempre sea menos lo que se genera".[90] Cada generación de otro ser es del mismo tamaño y especie, no inferior ni menor.

Quinto argumento: Por lo tanto, la generación y corrupción están unidas, ya que para esto:

> La causa por la que existe la generación absoluta –que es destrucción de algo– y la destrucción absoluta -que es generación de algo-; en efecto, tal distinción obedece a la diferencia en la materia, esto es, por aquello en lo cual algo se transforma por la

[87] *Ibidem*, I, 6, 7.
[88] *Ibidem*, I, 6, 10.
[89] *Ibidem*, I, 7, 2.
[90] *Ibidem*, I, 7, 5.

> generación o la corrupción, ya porque esta es una sustancia, es decir, un ente [...] ya porque ella es sustancia en mayor o menor grado porque uno es más perfecto ente que otro [...] ya porque es más o menos perceptible o sensible la materia que es origen y término del proceso.[91]

En ese sentido, la generación y corrupción se comprenden en dos vías: "Así, hay cosas que significan un determinado «esto», es decir, substancia, otras un «como», otras un «cuanto» y así respecto de las demás categorías; y de aquellas que no significan una substancia sino una cualidad o alguna de las otras, no se dice que se generan en sentido absoluto sino relativamente, es decir, que se vuelven «algo»".[92] Existe la generación de modo parcial a un ser y de modo absoluto en tanto un nuevo ser.

Sexto argumento: En conclusión, "[...] la generación es destrucción del no-ente, y la destrucción es generación del no-ente y así, uno de ellos se añade al otro, cuando a partir de lo cual uno comienza, otro termina".[93] Es también un tipo de alteración, no de manera absoluta, sino perceptible; es decir, para la generación es necesaria la destrucción, y para que algo se destruya es porque fue generado:

> Empero, cuando lo que cambia es la cosa no sólo según las afecciones, sino en su conjunto en toda la substancia de la realidad, en cuanto que la materia toma otra forma substancial sin que permanezca nada perceptible o sensible como sustrato idéntico en número y ente en acto –así, por ejemplo, del semen en su totalidad procede toda la sangre, del agua el aire, de la totalidad del aire el agua– tal proceso es ya una generación -al tiempo que es corrupción de otra cosa-.[94]

Séptimo argumento:

> La materia es, ante todo, y en sentido propio, el sustrato capaz susceptible de recibir la generación y la corrupción pero en cierto

---

91 *Ibidem*, I, 8, 59; I, 8, 7.

92 *Ibidem*, I, 9, 2.

93 *Ibidem*, I, 9, 4.

94 *Ibidem*, I, 10, 3.

> modo, es decir, por consiguiente y mediatamente, también es el sustrato de los otros tipos de cambio, porque esto es, movimiento local del mismo cuerpo que permanece, debido a que el ser lugar adviene al cuerpo que existe en acto todos los sustratos de los otros cambios son capaces de recibir ciertas clases de contrariedad.[95]

La generación y destrucción recaen en un cuerpo, en el caso del feto, uno nuevo según su material genético y separado de sus padres.[96]

Octavo argumento:

> Así pues, una cosa se genera en sentido absoluto a partir de otra -tal como lo precisamos también en otro lado- y conviene que lo que se genera por agencia de algo que está en acto ya sea homogéneo, es decir, que por lo menos sea de un solo género, y pertenece al mismo género o a la misma especie -por ejemplo, el trueno se genera por el fuego como de un agente de la misma especie o el hombre por el hombre-, o bien por agencia de una «actualidad» -pues lo duro no se genera por obra de lo duro como la leche se endurece por el fuego.[97]

Tras desglosar estos puntos, es necesario precisar que de dos cuerpos se genera otro parecido al anterior, pero distinto en la composición al ser otra cosa de la misma especie: "Aristóteles cree que cada viviente se encuentra permanentemente dotado con una naturaleza específica –que comparte con otros seres de su misma especie– que lleva a tener una similitud en la estructura, función, crecimiento, y reproducción".[98] Para dicho filósofo, la especie determina el tipo de substancia, y ésta permanece a causa de la propia

---

[95] *Ibidem*, I, 10, 7.

[96] Otras posturas, como la tomista, afirman que como "para mover hay que ser", el alma espiritual de la persona humana no puede venir, ni del esperma, ni de la potencia, ni de la materia, ni de la esencia de los padres.

[97] Santo Tomás de Aquino, *Suma Contra Gentiles*, I, 13, 4.

[98] Jack Wilson, *Biological Individuality...*, p. 29.

sustentabilidad metabólica que constituye la continuidad del ser encontrada en todos los seres vivos.[99]

El Estagirita manifiesta que los seres son compuestos de materia y forma: "Los movimientos heredados surgen del propio bebé: se encuentran potencialmente en su alma adulta. Se encuentran coordinados en el corazón, desde donde dirigen el desarrollo del animal".[100] Sucede como un autómata puesto en movimiento al que le siguen otros propios del mismo ser: "Por ende, los movimientos del alma son complejos de las propias limitaciones de interacción: son los cambios que toman lugar en la carne y la sangre, y que al mismo tiempo limitan los cambios para conformarse con las potencialidades heredadas".[101]

Padre y madre aportan la materia y la forma necesaria para que el bebé desarrolle, individual e independientemente de su origen, las funciones propias de su naturaleza que se encuentran en sus potencias desde la concepción. Estas características sólo pueden ser de los detalles formales de los padres, tanto en lo individual como lo propio de su especie. Es decir, la especie no es la causa de su desarrollo, sino una consecuencia:[102]

> Ahora bien, el proceso de formación es contrario a la esencia, pues lo que es posterior en el proceso de formación es anterior por naturaleza, y lo primero es lo último en el proceso de formación. De hecho, una casa no existe para los ladrillos y las piedras,

[99] "La diferencia de especie es la diferencia entre una cosa y otra cosa dentro de alguna cosa que debe ser común a ambas. Y así, si un animal difiere de especie de otro ser, los dos seres son animales. Es indispensable que los seres cuya especie difiere sean del mismo género, porque llamo género a lo que constituye la unidad y la identidad de dos seres, salvas las diferencias esenciales, sea que exista en concepto de materia o de otra manera. No sólo es preciso que haya entre los dos seres comunidad genérica; no sólo deben ser dos animales, sino que es preciso que el animal sea diferente en cada uno de estos dos seres; el uno, por ejemplo, será un caballo, el otro un hombre. Por consiguiente, es el género común a seres diferentes el que se diversifica en las especies; debe ser a la vez y esencialmente este animal y aquel otro animal; se da en él el caballo y el hombre, por ejemplo. La diferencia de que se trata es necesariamente una variedad del género, porque llamo variedad a la diferencia del género que produce la diferencia de especie del género". Aristóteles. *Metafísica*, 1052a-1059a.

[100] Alan Gotthelf, James Lennox, *Philosophical issues...*, p. 292.

[101] *Ídem.*

[102] *Ibidem*, p. 293.

> sino éstos para la casa, y esto sucede igualmente también para toda la otra materia. Que es de este modo, no sólo resulta claro por la inducción, sino también por el razonamiento. En efecto, todo ser que se engendra realiza su proceso de formación a partir de algo y para algo, y a partir de un principio hacia un principio, de la primera causa motriz y que ya tiene una naturaleza propia hacia una forma u otro fin semejante.[103]

Por individuación en seres más complejos, me refiero a animales pluricelulares similares a los hombres, parte de la reproducción sexual, y el desarrollo de una sola célula dividida por mitosis en un grupo de más células que devienen en la forma adulta.[104] Todos los animales complejos comparten estas características. Para ilustrar la individualidad, tomemos a Bucéfalo, el famoso caballo de Alejandro Magno:

- Es particular, forma parte de una especie, pero no tiene miembros, más bien se conforma de partes.
- Se encuentra en un lugar, pero no todo el espacio. En algunos lugares se encontrará y en otros no.
- Se encuentra en un tiempo. Algunas veces existirá y en otras no. Aunque no es eterna, no sabemos con exactitud cuándo comenzará a existir y dejará de hacerlo, pero sabemos que se encuentra limitada por un periodo de tiempo.

Bucéfalo está constituido por diversos tipos de células que componen los órganos y tejidos. El corazón es distinto al riñón; esto hace que sea heterogéneo y homogéneo, como un ladrillo dentro de un edificio, heterogéneo a otros; pero a la vez homogéneo al formar parte de un todo que constituye la estructura.[105] En este caso, el caballo se encuentra compuesto por distintas células que forman un todo, a diferencia de un alga que, sin importar su tamaño, es homogénea por tener un solo tipo de célula.

[103] Aristóteles. *Partes de los animales*, 646a.
[104] Jack Wilson, *Biological individuality...*, p. 48.
[105] *Ibidem*, p. 51-52.

> Es posible, en efecto, que las partes no homogéneas estén constituidas por las partes homogéneas, ya sea por varias o por una, como, por ejemplo, algunas de las vísceras: distintas, pues, en sus formas, pero constituidas de un cuerpo homogéneo, por decirlo sencillamente. En cambio, las partes homogéneas es imposible que se compongan de no homogéneas, pues la parte homogénea podría constituir muchas no homogéneas. Por estas causas existen en los animales partes simples y homogéneas, y partes compuestas y no homogéneas.[106]

Lo anterior también puede ser aplicado a Aristóteles, cuando describe el desarrollo de los seres:[107]

1. La combinación de lo simple, que se refiere a la unión y división de los cuatro elementos propuestos por Empédocles, los cuales comienzan a conformar los seres materiales.

2. Los seres se conforman de compuestos, como lo observa el Estagirita en la formación de los metales, sin embargo, no toma el Amor y el Odio como factores de estos compuestos, sino la forma.

3. Las partes uniformes de los animales como la sangre, la médula, bilis, semen, leche, carne y huesos. Estos seres no pueden existir si no es por los compuestos anteriores, y no pueden subsistir por sí solos.

4. Lo uniforme y lo no-uniforme se refiere a la formación de cada parte, como la mano, el corazón, etcétera, compuestas de distintos elementos como huesos y membranas. Durante el proceso de desarrollo se van diferenciando, por ejemplo, un pico de una pierna.

5. Las partes no-uniformes de los animales: la cabeza, las orejas, extremidades, órganos, partes que componen al todo, pero que no comparten los mismos elementos.

[106] Aristóteles, *Partes de los animales...*, 646b-647a.
[107] Alan Gotthelf, James Lennox, *Philosophical issues…*, p. 30-37.

6. Los animales surgen de las partes no-uniformes cuando se encuentran ensambladas, organizadas e integradas en un completo organismo vivo. En el caso de un muerto, por ejemplo, Sócrates, ya no tiene partes compuestas, pero por homonimia a sus partes se le siguen llamando por el nombre que fueron, aunque no lo son más, como las venas ya no son venas, ni los huesos. Después de la muerte, no hay nada que mantenga la uniformidad.

La heterogeneidad de sus partes se encuentra unida por las relaciones causales que son integración y cohesión. Los riñones afectan la sangre; la relación entre la glándula pituitaria y el hipotálamo afecta el crecimiento; el esqueleto y los músculos se alteran entre sí; la secreción de algunas células repercute en las actividades de otras células; y a su vez, el sistema nervioso central mantiene la integración de todo. Retomando el ejemplo, Bucéfalo se encuentra físicamente integrado, además funciona como una unidad de comportamiento. El todo funciona gracias a las partes, no colapsado sino de manera conjunta; si partiéramos al caballo a la mitad –bisección–, no podría vivir, pues la cohesión causal le impide operar así y por tanto, estaría muerto.[108]

Si lográramos hacer un experimento a nivel celular y realizáramos una sección de una estructura más compleja, perjudicaríamos el nivel de vida de ese ser. Por ejemplo, si alteramos la célula de una planta y removemos alguna de sus partes dañadas, estaríamos afectando su proporción de la causalidad de integración. Una entidad es causalmente cohesiva –adherente– al grado que se comporta como un todo ante ciertos procesos;[109] este desarrollo ocurre por la necesidad del individuo –tener ojos–, o de la materia –alterar el color de sus ojos–, uno es para sobrevivir y lo otro es meramente accidental. Asimismo sucede con el sexo de la persona, se altera la materia pero no la forma –ser racional–,[110]que es la cualidad que determina propiamente a la substancia: "El corazón, por ser origen de las venas

[108] Jack Wilson, *Biological Individuality…*, p. 52.
[109] *Ibidem*, p. 53.
[110] Alan Gotthelf, James Lennox, *Philosophical issues…*, p. 294.

y tener en sí la facultad primera de elaborar la sangre, es lógico que él mismo esté compuesto del mismo elemento nutritivo que aloja. Por ello, como se ha dicho ya, las vísceras son sanguíneas en su forma, y por eso por un lado son homogéneas, por otro no homogéneas".[111]

Las partes pueden ser integrativas y cohesivas, lo primero permite que funcionen como un todo, en cambio la cohesión no es alterada por un todo; por ejemplo, tomar un veneno afecta sólo a la parte y sus procesos.[112] A su vez, podemos dividir la formación de partes en las siguientes etapas:[113]

1. Organización jerárquica donde cada una de ellas se forma según un orden, en el cual no es posible que una parte se desarrolle sin que la anterior ya esté lista. Así, cada una encuentra preparada para formar al individuo completo y tiene más que una teleología, es decir, una funcionalidad en beneficio de todo el organismo, que estando fuera del mismo, no podría llevarse a cabo.

2. Complejidad de la materia donde cada una de las partes se encuentra formada por algo determinado para cumplir con una función específica o varias, como lo es el caso de los dientes, que además de triturar comida, también permiten la articulación de palabras. De esta manera, no posible hacer un cuchillo de gelatina, pues su misma composición le impide ser funcional: "El cuerpo debe ser, por necesidad, de tal o cual modo, de tal o cual materia, para realizar una determinada función".[114] En el caso de los seres vivos, poseen un cuerpo organizado en acto con la potencia de estar vivo; un receptáculo no puede llenarlo, como el agua lo hace, sino es capaz de formarse por medio de la vida en acto.

3. Forma que da orden a la materia, a los órganos para hacer posible a un organismo vivo; no sólo se reduce a mezcla

[111] Aristóteles, *Partes de los animales*, 647b.
[112] Jack Wilson, *Biological Individuality...*, p. 54.
[113] Alan Gotthelf, James Lennox, *Philosophical issues...*, p. 38- 46.
[114] Aristóteles. *Partes de los animales*, 642a9-13.

como la sangre, ni tampoco se trata de unir componentes, sino de darles estructura.

Por otro lado, así como analizamos los principios de la materia en la formación de los seres vivos, también es posible hacerlo con los principios de las formas, en tanto son partes que aportan a un todo en el ser humano:[115]

1. Lo uniforme y lo no-uniforme; refiere a que, en la formación de los seres vivos, el cuerpo ocupa un lugar en el espacio, mientras sus partes se encuentran dispersas dentro del mismo de manera simétrica y asimétrica. Por ejemplo, la distribución del sistema digestivo, el sistema circulatorio, la bilateralidad en la mayoría de las partes del cuerpo como el cerebro, riñones y pulmones.

2. La formación y conexión de partes que no comparten la misma estructura, pero que su desarrollo es uniforme, como las venas y la sangre, la mano y el cerebro.

3. Según la especie y el género; las partes tienen una función específica que se desarrolla sólo para ese fin, por ejemplo, sensación, locomoción, digestión, ingesta, etcétera.

En la constitución del embrión se forman estas partes, las cuales, además de distinguirlo de la especie, le otorgan funcionalidades que responden a necesidades del cuerpo.[116] Para observar con más atención este proceso, volvamos al ejemplo de Bucéfalo, producto de la reproducción sexual con la unión de una pareja de gametos masculino y femenino provenientes de sus padres, formándose así una sola célula cigoto con una constitución genética única –que también podría haber sido monocigótica y dar lugar a gemelos–. Posteriormente, el cigoto se adhiere a una esfera de células –blástula– donde se somete a una serie de invaginaciones y se forma la

[115] Alan Gotthelf, James Lennox, *Philosophical issues...*, p. 46-49.
[116] Aristóteles, *Metafísica*, 289-290.

gástrula, cuyas capas son ectoderma, mesoderma y endoderma y constituyen los mayores componentes del cuerpo de un caballo.[117]

Existen tres formas generales de desarrollo, embriogénesis somática, epigénesis y preformación. Durante la embriogénesis somática no hay distinción de la línea de origen, es decir, no se diferencian las células y puede dar origen a más gametos. De manera opuesta a las plantas, durante la epigénesis del reino animal surgen los patrones de desarrollo de capacidades donde la línea de origen se separa. Es así que los animales identifican otras partes ajenas a las suyas y son capaces de rechazarlas, tal como sucede en la donación de un órgano, se acepta si proviene del propio cuerpo, pero no si es ajeno.[118]

La diferencia específica en Aristóteles es lo que da la distinción entre un ser y otro según su especie, por ello es necesaria a la hora de hacer una definición de hombre. Dicha diferencia radica en el ser que se menciona y no en el concepto sin referencia a un ser, por lo que "una generalidad potencialmente subyacente, y la diferencia son modos particulares en que la potencialidad está restringida o reducida".[119] No sólo distingue, también discrimina de otros seres, ya sea por su función o por su desarrollo, hábitat, dieta y forma de existir.

En suma, presento las condiciones para la individuación del ser humano, de acuerdo con la teoría aristotélica y los avances modernos de la biología:[120] es particular, no universal; es localizado espacio-temporal; es espacio-temporal continuo y compuesto de partes causales heterogéneas; sufriría un daño en sus funciones si una de sus partes fuese removida o estuviese dañada; tiene un sistema nervioso; rechaza todo tipo de injerto ajeno a sí mismo; es genéticamente homogéneo; se desarrolla de una sola célula en un organismo pluricelular por medio de un patrón característico; se reproduce sexualmente y se distingue de otros miembros de la misma especie.

Todas estas características enumeradas, al igual que la forma sustancial, es decir, el alma humana o el movimiento racional,

[117] Jack Wilson, *Biological Individuality...*, p. 54.
[118] *Ídem.*
[119] Alan Gotthelf, James Lennox, *Philosophical issues...*, p. 51.
[120] Jack Wilson, *Biological Individuality...*, p. 52.

permiten la distinción de un individuo frente a la misma especie o clase de seres con los que convive. Debido a la capacidad de individuación de los seres, podemos distinguir unos de otros en la naturaleza y clasificarlos. Así como se mostró en los seres más complejos, es posible hacerlo también con formas de vida más simples: "El motivo es que la naturaleza no hace nada en vano, como se ha dicho antes, sino que todo lo orienta hacia lo mejor posible";[121] sin embargo, no es un estudio en el que profundizaré, pues mi objetivo es tratar al hombre, el ser más complejo y, por ende, más perfecto de todos.

3.4 Únicos e irrepetibles

El hombre surge a partir del primer movimiento autónomo a la madre, y aunque dependa de ella para sobrevivir en tanto su viabilidad, el feto comienza a crecer. Aristóteles señala este proceso:

> La emisión del esperma va precedida primero de un soplo de aire (es evidente que la emisión se produce bajo el efecto de un soplo, pues, nada es lanzado a lo lejos sin una presión de aire). Una vez que el esperma ha sido recibido en el útero, y se queda allí, se forma a su alrededor una membrana. Cuando, en efecto, el esperma es expulsado antes de que las partes sean diferenciadas, se parece a un huevo rodeado de una membrana sin cascarón, y la membrana está llena de vena [...] Al principio, el animal se forma en el interior de la envoltura de más adentro, y después, otra membrana la recubre, y esta última está en su mayor parte adherida al útero, mientras que el resto está separado y contiene agua.[122]

Cuando observamos a los seres vivos podemos apreciar: "la unidad que hay entre las moléculas al interior del ser vivo va mucho más allá que la suma de los enlaces químicos existentes entre ellas; éstas moléculas no sólo están unidas físicamente en unidad vital,

[121] Aristóteles. *Partes de los animales*, 711a.

[122] Aristóteles, *Investigación sobre los animales*, 586a.

forman parte de una nueva entidad".[123] Las moléculas de cada ser son propias de éste y no de otro; de esa forma, se considera la parte como un todo y no a éste reducido a uno de sus componentes; no se conoce al encéfalo o al cerebro, sino al hombre completo.[124]

Tanto en la filosofía como en la biología se sostiene la individualidad de los seres, en tanto que son únicos en sí mismos, desde su genética hasta sus actos: "Una entidad biológica es un individuo genético si sus partes comparten un genotipo en común al descender sin interrupción alguna de un ancestro en común con ese genotipo. Un nuevo individuo genético comienza cuando un célula desarrolla un genotipo distinto de sus antecesores inmediatos o sus ancestros".[125] El esperma y el óvulo son haploides, cada uno posee una numerosa combinación de genes que los padres producen en los gametos, los cuales, a su vez, son distintos a sus progenitores, genéticamente únicos e individuales. En el caso del hombre, hay sólo dos combinaciones de cromosomas en el esperma y el óvulo; al dividirse por la meiosis surgen mutaciones, errores o combinaciones que añaden variaciones en el desarrollo.

> Cuando los gametos se fusionan, están subsumidos en una nueva genética individual y dejan de existir. Lo que la nueva genética individual, inicialmente compuesta de un cigoto, persiste desde ese momento hasta que ninguna célula descienda de la célula con el genotipo existente. Si hay un rompimiento en la continuidad de la identidad genética, aparte de la replicación durante la mitosis, esa genética individual no puede comenzar a existir de nuevo. Durante su existencia la genética individual se encuentra compuesta de células con un genotipo que descendió de la primera célula con ese genotipo, sin considerar cómo se encuentran organizadas las células o la relación causal entre ellas. Así como

[123] Alejandro Serani, *El viviente humano,* p. 50.

[124] La antropología aristotélica parece quedar incompleta al no elevar el alma racional de una forma a una forma sustancial, distinta de la esencia, como lo dice Santo Tomás de Aquino, filósofo que ayuda a esta definición, pero para efectos de esta investigación se trata de responder a los argumentos de Giubilini y Minerva respecto a lo que Aristóteles afirma para justificar el aborto después de nacer.

[125] Jack Wilson, *Biological Individuality...*, p. 86-87.

adquiere células, las pierde sin importar su organización, crece o se encoje según el caso.[126]

De esta manera, el desarrollo va siendo paulatino, y esto no quiere decir que las facultades se encuentren ausentes, pues todas forman la materia para estar dispuesta de un modo u otro. Este planteamiento puede ser apreciado en Aristóteles:

> La posición del feto en el útero es la siguiente: los cuadrúpedos están todos extendidos; los ápodos, como los peces, de lado; los bípedos, como las aves, encogidos. También el feto humano está encogido: tiene la nariz entre las rodillas, los ojos sobre las rodillas y las orejas hacia afuera. Todos los animales al principio de la gestación tienen de la misma manera la cabeza: hacia arriba; pero a medida que se desarrollan y cuando están a punto de salir, la giran y la colocan hacia abajo, y el nacimiento se produce normalmente en todos los animales con la cabeza por delante.[127]

A través del proceso embriológico conocemos la independencia del movimiento del embrión respecto al de la madre; y cómo la formación de cada una de las partes le permite llevar a cabo sus funciones, e incluso, su posición para nacer: "El surgimiento de un nuevo organismo viviente supone la aparición de un nuevo sujeto, original e incomunicable: el hecho de compartir el mismo material genético viene a ser, en cierto sentido, puramente accidental".[128] De no ser de la manera antes descrita, sería posible tener una clonación exacta del individuo con cantidad ilimitada de réplicas; sin embargo, los únicos no pueden ser múltiples, como señalan los principios filosóficos, e incluso, los gemelos, cuya genética es lo más parecida posible, no son idénticos, pues no pueden ser la misma cosa.

Para seguir ampliando esta idea, observemos las tres vías en que se puede ver la genética individual:[129]

1. Inicialmente se compone de una célula dividida en dos por medio de la mitosis.

---

[126] *Ídem.*

[127] Aristóteles. *Investigación de los animales*, 586b.

[128] Alejandro Serani, *El viviente humano...*, p. 75.

[129] Jack Wilson, *Biological Individuality...*, p. 87-88.

2. La célula original se divide por mitosis, y lo que resta de la célula se mantiene pegada en una masa sin alguna diferenciación y orden funcional. El crecimiento de esta masa de células es el desarrollo de un individuo.

3. Las células que componen a un individuo genético, también constituyen a uno o muchos individuos funcionales. Éstas son todas las células del cuerpo humano que surgen de la unión de los gametos de los padres, y juntas conforman un individuo genético. Cualquier mutación en las células componen su propia información genética individual.

En los seres vivos más complejos, la genética individual y el individuo funcional difieren en las propiedades modales: la primera puede sobrevivir la disolución de la integración funcional entre las partes que la componen; el segundo no, más bien puede cambiar a través del tiempo cuando las mutaciones ocurren y la identidad genética se pierde.[130] Los filósofos antiguos ya lo afirmaban "en el ser vivo no es el órgano el que actúa sino que es el sujeto vivo que actúa por su órgano";[131] no es la piel la que siente, ni los pulmones que respiran, sino el hombre.[132]

Si bien la intención de Wilson es construir la teoría que mejor se acomode a la diversidad de organismos y otras entidades vivientes, y así derivar en condiciones necesarias y suficientes para demostrar la individuación de estos seres;[133] mi propósito no es llegar a comprobarla, sólo apoyarme en ella para mostrar la individuación del hombre como un ser vivo desde su concepción. Mi objetivo es partir de la misma meta del autor, basarme en seres reales, y no limitarme a variados experimentos mentales como lo hace Descartes: "Pienso, luego existo que mi cuerpo es una entidad separa de mí mismo, por

[130] *Ibidem*, p. 89.

[131] Juan Bautista Jaugey, "Espiritualidad del alma humana", en *Diccionario apologético de la fe católica*, t.1, Madrid, Sociedad Editorial de San Francisco de Sales, 1136-1163 [En línea]: http://www.filosofia.org/enc/dac/espiritu.htm. [Consulta: 12 de noviembre, 2018].

[132] Alejandro Serani, *El viviente humano*, p. 51.

[133] Jack Wilson, *Biological Individuality...*, p. 56.

lo que puedo pensar clara y distinto de mi cuerpo, por lo que soy distinto a mi cuerpo".[134]

Descartes define la identidad personal de manera mental y no materialmente, con el argumento de que la primera permanece más allá de la materia. Es por esto que distingue los movimientos de los seres vivos y no vivos; al interior le designa "psique" o alma, es autónomo y se refleja en la nutrición.[135] A su vez, Aristóteles estudia al hombre como ser racional e identifica que "[...] el alma, a saber, la entidad definitoria, esto es, la esencia de tal tipo de cuerpo [...] de un cuerpo natural de tal cualidad que posee en sí mismo el principio del movimiento y del reposo".[136]

Desde la Antigüedad, hasta las obras contemporáneas que incorporan avances tecnológicos y científicos, desde la bioética de Serani hasta los estudios medievales, podemos ir comprobando que se ha tomado al hombre como persona humana, no reductible a sus partes:

> No existe ni puede existir un sujeto humano que no sea persona humana, ni una persona humana que no sea sujeto humano. Desde el punto de vista ontológico, ser persona –para el ser humano– no es sino su modo peculiar de ser sujeto. Se trata de un mismo y único problema mirando desde dos perspectivas diversas. La primera en tanto que el ser humano es un ente natural corpóreo, la segunda en tanto que el ser humano es un ser espiritual.[137]

---

[134] René Descartes, *Meditaciones metafísicas con objeciones y respuestas*, Madrid, Alfaguara, 1997, p. 6.

[135] Cfr. Hans Jonas, *The Phenomenon of Life: Toward a Philosophical Biology*, Chicago, Chicago Press, 1996.

[136] "Y puesto que se trata de un cuerpo de tal tipo -a saber, que tiene vida- no es posible que el cuerpo sea el alma: y es que el cuerpo no es de las cosas que se dicen de un sujeto, antes al contrario, realiza la función de sujeto y materia. Luego el alma es necesariamente entidad en cuanto forma específica de un cuerpo natural que en potencia tiene vida. Ahora bien, la entidad es entelequia, luego el alma es entelequia de tal cuerpo". Aristóteles, *Acerca del alma*, 412a, 412b.

[137] Alejandro Serani, *El viviente humano...*, p. 83. Para Aristóteles al mencionar que el intelecto al operar distinto del cuerpo, deja abierta la idea a lo que los pensadores medievales llaman lo espiritual: "Así pues, digamos en general que el intelecto es separable en la misma medida en que los objetos son separables de la materia". Aristóteles. *Acerca del alma*, 429b.

3.5 Conciencia: "No pienso y de todos modos existo"

Entre los argumentos a favor del aborto, Giubilini y Minerva postulan que un hombre se puede considerar tal hasta demostrar una conciencia: "Tomamos por persona al individuo que es capaz de atribuir a su propia existencia algún valor tal como el ser privado de su existencia represente una pérdida".[138] Esta perspectiva reduce al individuo a una actividad como si fuera el todo y dicho argumento no es suficiente para justificar matarlo, pues esa capacidad no es lo único que lo hace hombre, sino sus cualidades en conjunto.

"Todo hombre por naturaleza desea saber";[139] una vez satisfechas sus necesidades básicas sensoriales como la comida, la bebida, la seguridad y el descanso, busca saber para satisfacer sus necesidades intelectuales.[140] De ahí que el hombre se sorprenda ante lo que conoce y en la observación y el ocio es capaz de darse cuenta de sí al preguntarse por lo demás.

La justificación de Giubilini y Minerva para permitir el aborto antes y después de nacer, es pensarlos como seres no conscientes o que no puedan dar cuenta de ellos mismos, "Un sujeto quien es capaz de atribuir su propia existencia total o parcialmente ante el valor básico que pueda representarse una pérdida para sí mismo [...] todo individuo que no se encuentren en condición de atribuir valor alguno a su propia existencia no son personas".[141] Para debatir ese argumento, estableceré el significado de la conciencia humana como un ejercicio que parte de su individuación que lo lleva a ser persona.

El hombre el único ser capaz de saberse a sí diferente al resto, singular ante los demás y poderse expresarse, en su individualidad, por medio del lenguaje y el arte. Nadie salvo él se comunica en soledad con los otros y a través de la racionalidad. En ese sentido, la frase de Sócrates "conócete a ti mismo" nos enfrenta a la soledad frente a un

[138] Alberto Giubilini, Francesca Minerva, "After-birth abortion...", p. 2.
[139] Aristóteles. *Metafísica*, 980a.
[140] Alejandro Serani, *El viviente humano...*, p. 26.
[141] Alberto Giubilini, Francesca Minerva, "After-birth abortion...", p. 2.

todo, para identificarnos cara a nuestro origen y destino; en el caso del embrión, es en su soledad, al distinguirse de la madre, que puede darse esta conciencia de sí mismo frente a lo que le rodea.[142]

Durante su desarrollo, la persona va adquiriendo un número de propiedades entre la infancia y la edad adulta, como la conciencia que permite tener una advertencia subjetiva de lo que acontece en su entorno, pero también de sí mismo y de su propia existencia. Sin embargo, este conocimiento no es absoluto, sino parcial respecto a lo que sucede en el exterior.

Una de las habilidades de la conciencia que tiene el hombre es la de recordar las cosas que le pasan, aunque no en su totalidad. También suele presentarse como una unidad, tanto es capaz de coordinar sus extremidades, como de actuar de manera consistente con las acciones del pasado para proyectarlas hacia el futuro, conforme a sus planes. Otras de las propiedades es su desarrollo por medio de las relaciones con otros seres humanos, y a través de la interacción social, formar su carácter. Es un ser social por naturaleza, pero primero se conoce como individuo auto-afirmándose o siendo auto-consciente, para después vincularse con los demás.

El hombre frente al mundo se hace consciente de sí mismo por un acto de la razón, a la vez que descubre su individualidad: "La vida mental, además de ser una cuestión de subjetividad, es simultáneamente una cuestión de observación objetiva de la conducta animal y humana. El conocimiento y afectividad son realidades objetivables, palmarias, que en el mundo de los seres vivos se dan encarnadas,

---

142 "Pues la conciencia, originalmente, indica la relación de un conocimiento con una cosa. Ya que conciencia equivale a un consaber. Ahora bien, la aplicación de una ciencia a una cosa se efectúa a través de un acto. Por eso, atendiendo a la razón nominal, resulta claro que la conciencia es un acto [...] Pues se dice que propio de la conciencia es dar testimonio, ligar o instigar, y, también, acusar, remorder o reprender: cosas todas que siguen a la aplicación de nuestro conocimiento a lo que hacemos. Esta aplicación puede hacerse de tres maneras: 1) Una, cuando reconocemos que hicimos o no una cosa, según aquello de Ecl 7,22: Tu conciencia sabe que frecuentemente has maldecido a otro. En este caso, se dice que testifica. 2) Otra, cuando por nuestra conciencia juzgamos que algo debe o no debe hacerse. Entonces se dice que la conciencia incita o liga. 3) Tercera, cuando por la conciencia juzgamos que algo ha estado bien o mal hecho. Entonces, excusa, acusa o remuerde. Ahora bien, es indudable que todo esto responde a la aplicación del conocimiento a lo que hacemos. Por lo tanto, propiamente hablando, la conciencia indica un acto". Santo Tomás de Aquino, *Suma Teológica I*, q. 79, a.13.

empotradas en el mundo de la realidad física y biológica".[143] Así como un gato eriza su pelaje ante el miedo, el hombre reacciona ante el proceso mental y las sensaciones que refleja, repara en el acontecer externo e interno, con lo que siente y pasa por su mente; de ese modo hace un juicio universal y junto con la voluntad, actúa libremente, reconociendo su ser y sus acciones.

No todos los seres humanos tendrán todas las propiedades de conciencia –memoria, unidad, relaciones sociales–, incluso, habrá quien no posea ninguna o las pierda tiempo antes de morir. En ese caso, carecer de ellas representaría una tragedia para la persona, pues impediría la actualización de sus potenciales de vida, así como se afectarían sus relaciones sociales y el trato con los demás; sin embargo, persistiría siendo un ser humano, pues no habría dejado de existir. "Se mantiene la vida sensitiva en una capacidad disminuida, pero continúa";[144] aún mantendría la unidad de las funciones individuales y su identidad como ser vivo, consciente y auto-consciente, o no, de dichas propiedades.

Sólo el hombre aprecia en conciencia las cosas y las conductas de los seres vivos; y aunque dicha capacidad esté disminuida, puede aprehender lo externo y formular un juicio interno sobre lo que conoce como favorable o perjudicial a sí mismo, tendencial o inclinativo.[145] En la formación, el embrión lleva en potencia el intelecto; no es pensador pero posee la capacidad para pensar, pues tiene corazón y el cerebro, órganos con características esenciales.[146] En ese sentido, el comportamiento muestra la unidad entre dos sustancias que no se encuentran completamente separadas, sino son dependientes una de otra para ser:[147]

- Pensar es como percibir, consiste en recibir la forma de la cosa pensada y volverse semejante.[148]

[143] Alejandro Serani, *El viviente humano…*, p. 57.

[144] Jack Wilson, *Biological Individuality…*, p. 113.

[145] Cfr. Alejandro Serani, *El viviente humano…*, p. 52-54.

[146] Alan Gotthelf, James Lennox, *Philosophical issues…*, p. 414

[147] *Ibidem*, p. 418.

[148] "Por lo que se refiere a aquella parte del alma con que el alma conoce y piensa -ya se trate de algo separable, ya se trate de algo no separable en cuanto a la magnitud, pero sí en cuanto a la definición- ha de examinarse cuál es su característica diferencial y cómo se lleva a cabo

- Aquello que piensa ya tiene una forma por sí misma, no puede adquirir otra forma o pensar en ella.
- No hay nada en lo que no pensemos.
- Aquello que piensa no tiene forma por sí misma separada, excepto la capacidad de recibir las formas sin perderse en otras formas.

Desde el inicio de la vida, en el vientre de la madre, ya hay reacciones ante los acontecimientos externos que determinan la nocividad o beneficio del embrión, un ejemplo ampliamente conocido es el que retrata el Evangelio de san Lucas: "En aquellos días, se levantó María y se fue con prontitud a la región montañosa, a una ciudad de Judá; entró en casa de Zacarías y saludó a Isabel. Y sucedió que, en cuanto oyó Isabel el saludo de María, saltó de gozo el niño en su seno".[149] Este relato muestra una reacción del embrión ante un evento externo, así como un movimiento voluntario ajeno a la madre. Para ampliar la idea, recordemos lo que refiere Aristóteles:

> La impasibilidad de la facultad sensitiva y la de la facultad intelectiva no son del mismo tipo: el sentido, desde luego, no es capaz de percibir tras haber sido afectado por un objeto fuertemente sensible, por ejemplo, no percibe el sonido después de sonidos intensos, ni es capaz de ver u oler, tras haber sido afectado por colores u olores fuertes; el intelecto, por el contrario, tras haber inteligido un objeto fuertemente inteligible, no intelige menos sino más, incluso, los objetos de rango inferior. Y es que la facultad sensible no se da sin el cuerpo, mientras que el intelecto es

la actividad de inteligir. Ahora bien, si el inteligir constituye una operación semejante a la sensación, consistirá en padecer cierto influjo bajo la acción de lo inteligible o bien en algún otro proceso similar. Por consiguiente, el intelecto -siendo impasible- ha de ser capaz de recibir la forma, es decir, ha de ser en potencia tal como la forma pero sin ser ella misma y será respecto de lo inteligible algo análogo a lo que es la facultad sensitiva respecto de lo sensible. Por consiguiente y puesto que intelige todas las cosas, necesariamente ha de ser sin mezcla -como dice Anaxágoras- para que pueda dominar o, lo que es lo mismo, conocer, ya que lo que exhibe su propia forma obstaculiza e interfiere a la ajena. Luego no tiene naturaleza alguna propia a parte de su misma potencialidad. Así pues, el denominado intelecto del alma -me refiero al intelecto con que el alma razona y enjuicia- no es en acto ninguno de los entes antes de inteligir". Aristóteles, *Acerca del alma…*, p. 429.

[149] San Lucas 1:39-45.

> separable. Y cuando éste ha llegado a ser cada uno de sus objetos a la manera en que se ha dicho que lo es el sabio en acto -lo que sucede cuando es capaz de actualizarse por sí mismo-, incluso entonces se encuentra en cierto modo en potencia, si bien no del mismo modo que antes de haber aprendido o investigado: el intelecto es capaz también entonces de inteligirse a sí mismo.[150]

El embrión reacciona y es capaz de inteligir, además de que posee los sentidos para tener un conocimiento propio de sus padres y de aquellas personas con las que la madre se encuentra en contacto durante el embarazo. El hombre tiene diferentes capacidades y no puede reducirse a una sola: "[...] no hay una habilidad general para distinguir las conexiones causales, solo la habilidad de hacer inferencias causales de los movimientos celestiales, la habilidad de hacer inferencias causales de la presencia o ausencia de las cosas [...] estas capacidades no son innatas sino que son adquiridas a través de la percepción, memoria y experiencia".[151]

El reduccionismo es el error más común al definir al ser humano, pues se confina al pensamiento, una sola de sus capacidades, lo que es en totalidad; no obstante, nuestra existencia no depende del pensar y mucho menos de hacerlo sobre nosotros mismos: "Soy un ser humano. Actualmente tengo la habilidad de pensar en otras cosas y en mí mismo. Existí sin esa habilidad, y puedo llegar a perderla antes de morir. En ese caso, no soy capaz de reflexionar acerca de mi vida, pero continúa mi vida. Puedo volver a adquirir esa habilidad y retomar la advertencia de mí mismo, pero no tengo la habilidad de comenzar otra nueva vida".[152]

La conciencia es muy importante para la propia individualidad e identidad, esté en acto o no, y su ausencia no permite en absoluto eliminar a un ser humano. No se le ha de reducir a las operaciones más simples, sólo porque no sea capaz de demostrar por sí mismo una conciencia o plan de vida. Esta falla se encuentra en muchos pensadores al confundir la identidad personal con la de un viviente.

---

[150] Aristóteles, *Acerca del alma*, 429a-429b.

[151] Alan Gotthelf, James Lennox, *Philosophical issues...*, p. 420.

[152] Jack Wilson, *Biological Individuality...*, p. 115.

3.6 La muerte

El desarrollo del hombre se da a lo largo del tiempo; su vida cambia a partir del contexto histórico y su crecimiento físico, es por eso que la racionalidad, a su vez, actualizará sus potencias a partir del acto de ser. Todo ser vivo participa de ciertos atributos "[...] comunes a los seres que participan de la vida, y otros propios de algunos animales. Se da el caso de que los más importantes de ellos pueden enumerarse en cuatro parejas, que son: vigilia y sueño, juventud y vejez, inspiración, y espiración, y vida y muerte".[153] Aristóteles estudia la muerte según los seres, en concreto a los animales que tienen sensación y dependen del calor del cuerpo y de latido del corazón para permanecer vivos; de esa manera, la identificará como la pérdida de temperatura y movimiento del corazón: "Llamamos muerte a la destrucción del calor [...] al faltar la nutrición y no poder el calor tomar alimento, sobreviene la destrucción del fuego. Y es que su contrario, al hacer cesar la digestión, impide que se alimente."[154] Al no haber nutrición, no es posible que los seres animados vivan, por ello, cualquier privación de ésta es un atentado contra esa existencia.

Sin embargo, no sólo basta el calor y el alimento, también es necesaria la respiración y su falta puede desencadenar la privación de la vida. Aristóteles afirma que "[...] vivir y morir consisten en inspirar y espirar, pues cuando la presión del entorno prevalece y lo que procede de fuera no puede ya resistirla porque el animal no puede respirar, entonces le sobreviene la muerte, pues la muerte es la salida del cuerpo de tales formas por causa de la opresión del entorno".[155]

La muerte es un suceso irrevocable y parte de los procesos naturales, junto con la vida: "Un ser vivo de cualquier especie comienza a existir con ciertos criterios (movimiento). Aquella entidad cesa de existir cuando deja de cumplirlos".[156] Los seres vivos, una vez

[153] Aristóteles. *Acerca de la generación y la corrupción*, 436a.
[154] *Ibidem*, 469b.
[155] *Ibidem*, 472a.
[156] Jack Wilson, *Biological Individuality...*, p. 86.

que cesan de moverse por sí mismos o ya no se encuentra en ellos el principio de movimiento, están irreversiblemente muertos.[157]

Aristóteles afirma: "La muerte es o bien violenta o bien natural: violenta, cuando su origen es externo; natural, cuando se da en la propia criatura, y la constitución de su cuerpo es tal desde el principio, sin que haya una afección adquirida".[158] El primer caso de muerte se refiere a su destrucción, puede ser de manera completa o incompleta como en seres que no tienen corazón ni respiración como la semilla o el huevo; en cambio, en los otros, se da completa cuando no producen ni calor ni respiración.[159] Este segundo tipo es porque "[...] el principio de la vida abandona a los que lo poseen, cuando no se refrigera el calor [...] se consume por sí mismo".[160] A su vez, la muerte por vejez es la disolución del alma y no se sufre violencia ni destrucción.

Sin embargo, existen seres que han sido congelados y tiempo después pueden seguir viviendo: "La continuidad de la vida es insuficiente para la continuación de la identidad numérica. Nada muere cuando un organismo unicelular se divide en dos nuevas células, pero a pesar de la continuidad de la vida, el organismo inicial cesa

---

[157] "Pero la razón por la que es forzoso que todos mueran, no cuando ello ocurre por azar, sino bien sea por naturaleza, de vejez, bien contra la naturaleza, por violencia, no la deja aclarada en absoluto, aunque, dado que es claro que la muerte no sobreviene unas veces sí y otras no, debería haber explicado si la causa es externa o interna." Aristóteles, *Acerca de la generación y la corrupción*, 472a.

[158] *Ibidem*, 478b.

[159] "La muerte y la destrucción se dan de forma similar en todos los animales que no son incompletos, ya que en el caso de estos últimos se producen de forma muy similar, pero de otro modo. Llamo incompletos», por ejemplo, a los huevos y a las semillas de las plantas que aún no tienen raíz. Pues bien, a todos los animales la destrucción les sobreviene por alguna falta de calor, pero en los completos esa falta de calor se da en la parte en que se halla el principio de su ser y éste, como antes se ha dicho, se halla donde confinan la parte de arriba y la de abajo: en las plantas, en la parte intermedia entre el retoño y la raíz; y, en cuanto a los animales, en los dotados de sangre, en el corazón, y en los que no lo están, en la parte análoga. Algunos de ellos tienen más de un principio de vida en potencia, pero no en acto. Por ello, algunos insectos, cuando son divididos, siguen viviendo, de igual modo que los animales dotados de sangre que no poseen excesiva vitalidad siguen viviendo un tiempo considerable cuando se les arranca el corazón, por ejemplo, las tortugas, que incluso se mueven sobre sus patas mientras tienen encima el caparazón, debido a que su naturaleza no está bien estructurada, sino que es muy parecida a la de los insectos". Cfr. Aristóteles, *Acerca de la generación y la corrupción*, 478b-479a.

[160] *Ibidem*, 479a.

de existir después de tal división".[161] Algunos son inmovilizados o conservados y luego revividos, como puede suceder con el esperma, los óvulos y el cigoto. Se congelan a modo de preservarlos y muchos de ellos sobreviven a esta inmovilización de las células que los componen, manteniendo así su identidad. Sin embargo, aún no es posible este procedimiento en seres complejos, pues pierden su identidad y mueren.

El hombre se encuentra fatalmente unido a la experiencia de la muerte; esa tragedia le recuerda su finitud y la limitación del tiempo para lograr lo que quiere. Ante esa verdad, comienza a darle un sentido a su vida, ya sea a modo de destino como lo concibieron los griegos; o bien, como la redención cristiana, considerando a la muerte como la vía de lograr su finalidad y alcanzar la santidad. Es aquí donde la conciencia de la propia individualidad frente al resto de los seres se vuelve trascendente, y se busca el sentido propio de la vida por medio de las acciones.

[161] Jack Wilson, *Biological Individuality…*, p. 101.

CAPÍTULO 4
¿Derechos o protección?

La propuesta del artículo de Giubilini y Minerva, "el aborto después de nacer", ha causado gran conmoción en el mundo científico y moral, debido al atrevimiento de realizar un ejercicio lógico, sin mostrar una postura personal en un tema polémico. A lo largo de este trabajo, se ha desarrollado un planteamiento para comprobar que dichos argumentos, supuestamente basados en Aristóteles, carecen de una fundamentación metafísica relevante para debatir con propiedad. Con base en el pensamiento aristotélico, tomista y biológico hemos podido aclarar errores en su ensayo.

Es preciso estudiar el tema desde un argumento posterior, a diferencia de aquellos autores, quienes declaran que el embrión y recién nacido no son personas, y se sustentan en conceptos metafísicos e históricos, pero empleados de manera errónea. Sin embargo, a través de las fallas en su trabajo, podemos encontrar con claridad las nociones necesarias para defender la vida antes y después del nacimiento.

Este libro pretende abarcar un enfoque desde la bioética y la relevancia de los avances científicos desde las distintas áreas, biología, genética y física, para mostrar que el ser humano *es* desde la concepción; planteamiento respaldado también en la metafísica clásica. El objetivo fue mostrar un camino de argumentación fundamentada, con el fin de que los ejercicios lógicos propuestos para la defensa del hombre, antes y después del nacimiento, tenga bases estables y puedan ser aplicados en el ámbito del derecho.

4.1 Aborto y homicidio

Desde la unión de los pronúcleos, el cigoto es una persona humana en acto, lo cual puede demostrarse a partir del punto de vista biológico, pues tiene un genoma en un cariotipo distinto a la madre, un tipo de sangre particular, un sexo que puede ser diferente, etcétera. Es posible sustentarlo desde el campo filosófico, gracias a los estudios aristotélicos, pues es una persona en acto, en tanto su materia y su genoma, al igual que un sujeto de derechos, dispuesto ya para su forma substancial, que es el alma humana abierta a la trascendencia.

4.1.1 Aborto

El aborto provoca el cese de los signos vitales, ya que el ser vivo se encuentra privado del movimiento –crecimiento–, esto involucra también a los otros movimientos que tiene en acto –lo que es–, y en potencia –lo que tiene la capacidad real de ser–; en el caso de un bebé humano, nutrición, sensación, percepción y pensamiento.

"Efectivamente, el arte es principio y forma del objeto resultante, pero se encuentra en otro sitio diferente; en cambio, el movimiento de la naturaleza, encontrándose en la cosa misma, procede de otra naturaleza que posee la forma en acto".[1] Todo ser no vive si no tiene alma –principio de movimiento– o cuerpo, pues ambos componentes se unen para formarlo de acuerdo a los movimientos que puede desempeñar –en caso de una planta: el crecimiento, de un animal, la sensación y en el hombre, el pensamiento–. Al matar a un ser humano, no sólo se cesan sus signos vitales, además, quien recibe la acción es consciente de ello, en tanto tiene conciencia de lo que hace y lo que le pasa.

[1] Aristóteles, *Reproducción de los animales*, 735a.

Podremos pensar que el feto o embrión no se mueve por sí mismo, sino por otro ser, pero en realidad su movimiento es autónomo al de la madre, porque éste se desarrolla sin importar la voluntad de ella. Ambos seres humanos crecen, pero el feto, al tener alma también, lo hace de manera simultánea e independiente de su progenitora: "El alma es la causa y la Fuente del viviente [...] a) es una fuente u origen del movimiento, b) es el fin, c) la esencia de todo ser vivo".[2] No podremos distinguir un pensamiento en el embrión, pero lo otros tipos de movimientos están ahí, incluso es posible percibirlos en el vientre materno –patadas, hipo, etcétera–; no se trata de un crecimiento como un tumor, es una vida con alma, cuerpo y cualidades como los sentidos.

Otra prueba de que el feto –sea de cualquier especie– tiene vida, es por su capacidad de inmanencia –lo que permanece– a través de la nutrición. El ser vivo o sujeto se genera y crece por medio del alimento:

> Pero puesto que la misma potencia del alma es a la vez nutritiva y generativa [...] ya que por esta función se define frente a las demás potencias [...] el alimento cambia al ser digerido y el cambio en todos los casos se produce hacia el término contrario o intermedio. Más aún, el alimento padece una cierta afección por parte del que se alimenta mientras que éste no resulta afectado por el alimento, del mismo modo que el artesano no es afectado por la materia, pero sí ésta por él; el artesano solamente cambia en cuanto pasa de la inactividad a la actividad.[3]

En ese sentido, podemos concluir: todo ser vivo es aquel que se alimenta y es capaz de producir calor para mantenerse en movimiento, desde las plantas hasta el ser humano. El ser dependiente de otro para nutrirse, también puede generar calor por sí mismo y crecer; de esa manera, el feto o embrión es un ser humano desde su concepción, cuando la célula comienza a desarrollarse:

---

[2] Cfr. Aristóteles, *Acerca del alma*, 415a 10.

[3] *Ibidem*, 416a 20- 416b 35.

> Pero si esto es así, antes aún que los actos habrán de quedar definidos sus objetos [...] el alma nutritiva se da -además de en los animales- en el resto de los vivientes y constituye la potencia primera y más común del alma; en virtud de ella en todos los vivientes se da el vivir y obras suyas son el engendrar y el alimentarse. Y es que para todos los vivientes que son perfectos -es decir, los que ni son incompletos ni tienen generación espontánea- la más natural de las obras consiste en hacer otro viviente semejante a sí mismos -si se trata de un animal, otro animal, y si se trata de una planta, otra planta- con el fin de participar de lo eterno y lo divino en la medida en que les es posible: todos los seres, desde luego, aspiran a ello y con tal fin realizan cuantas acciones realizan naturalmente -la palabra "fin", por lo demás, tiene dos sentidos: objetivo y subjetivo-. Ahora bien, puesto que les resulta imposible participar de lo eterno y divino a través de una existencia ininterrumpida, ya que ningún ser sometido a corrupción puede permanecer siendo el mismo en su individualidad, cada uno participa en la medida en que le es posible, unos más y otros menos; y lo que pervive no es él mismo, sino otro individuo semejante a él, uno no en número, sino en especie.[4]

Dado que cualquier ser humano es una entidad viviente, por ende, no puede ser aniquilado o terminar con su proceso de vida, salvo que suceda por causas naturales:

> El alma es causa y principio del cuerpo viviente. Y por más que las palabras «causa» y «principio» tengan múltiples acepciones, el alma es causa por igual según las tres acepciones definidas: ella es, en efecto, causa en cuanto principio del movimiento mismo, en cuanto fin y en cuanto entidad de los cuerpos animados. Que lo es en cuanto entidad, es evidente: la entidad es la causa del ser para todas las cosas; ahora bien, el ser es para los vivientes el vivir y el alma es su causa y principio [...] Es evidente que el alma es también causa en cuanto fin. La Naturaleza -al igual que el intelecto- obra siempre por un fin y este fin constituye su perfección.[5]

---

4 *Ibidem*, 415b 15-20.

5 *Ídem*.

Por otro lado: "Cuando un animal ya no está vivo, su cuerpo es de cierta forma 'un órgano global' que ya no es cuerpo, ni los órganos que componen al animal son órganos; ya no son instrumentos para realizar ciertas funciones, no exhiben tal modo instrumental de ser que los constituía esencialmente como el cuerpo y órganos del animal".[6] El proceso de la muerte ocurre cuando los órganos y el cuerpo no cumplen con su función que es vivir.

Con el fin de justificar el supuesto aborto en recién nacidos, Giubilini y Minerva mencionan que, para dañar a una persona, es necesario que ésta sea consciente del daño en su contra, no que dé una solución, sino sólo darse cuenta del peligro. Ejemplo de ello es el robo de un boleto de lotería cuando se sabe que es ganador, o bien, en el tema en cuestión, que algo le suceda a un feto y afecte también la calidad de vida de la madre, sea consciente o no, como consumir drogas: "Una persona que al menos en su condición valora una diferente situación en la que se encontraría si no estuviera agredida. Y tal condición depende en el nivel de desarrollo mental, que determinará si es o no una persona".[7]

El feto, al sentir dolor y placer, puede darse cuenta de una situación de riesgo, por lo cual se determina también como persona; a su vez, si puede tener metas, la capacidad de llevarlas o incluso de desarrollarlas, se vería impedido si se le asesina. De igual modo, hay que considerar las proyecciones de una madre, pues éstas transformarán también la postura moral para la defensa del aborto.

> Difícilmente un recién nacido tiene metas, el futuro que le imaginamos es meramente una proyección de nuestra mente en esas vidas potenciales [...] así como los planes y metas de los otros –parientes, hermanos, sociedad– que pueden ser afectados positiva o negativamente ante el nacimiento de un niño. Es por esto, que los derechos e intereses de las personas involucradas deberían representar la consideración preponderante en la decisión acerca del aborto y el aborto-post-nacimiento.[8]

[6] Alan Gotthelf, James Lennox, *Philosophical issues...*, p. 380.

[7] Alberto Giubilini, Francesca Minerva, "After-birth abortion...", p. 2.

[8] *Ídem.*

El aborto no puede ser una interrupción ni una suspensión de los procesos vitales del cuerpo, ya que una vez cesados los órganos necesarios para la vida, no es posible reavivarlos; por ejemplo, en el caso de la ceguera no puede haber marcha atrás. "Lo que existe antes de un hombre, un pato, o un roble es un embrión, un huevo o una semilla y estos no permanecen como creaturas terminadas desde su materia";[9] la carne y los huesos son la materia de un perro, pero no permanecen sin él; en cambio, el alma es en acto y no en potencia. Al impedir la teleología tanto en el ser en sí como en sus funciones, se estaría frente a la ausencia de éste, por medio de un factor externo no propio de la formación del individuo en potencia, de sus partes vitales y necesarias para permanecer en movimiento.

La separación de la unidad individual de los seres va en contra de su desarrollo y movimiento, pues no hay una diferencia en los actos que realiza con el mismo ser; de forma tal que cualquier desintegración o privación que rompa la unidad no es natural y perjudica la causa final de los seres. Ya sea dentro del vientre materno –aborto–, como fuera de él –homicidio–, ambas acciones van en contra del ser en totalidad, sea un hombre o cualquier animal.

El aborto es la acción que priva a un humano de realizar su fin según su naturaleza, por lo que es igual a matarlo. No obstante, la diferencia específica entre los demás vivientes y el hombre, es que este último tiene conciencia de quién es, pues tiene un alma racional. El aborto no interrumpe, más bien borra la existencia de la persona por completo; de ahí la función del legrado para eliminar toda evidencia de la vida humana que habitó ese espacio.[10]

Actualmente las feministas consideran al aborto un arma poderosa para levantarse contra las estructuras de opresión de los

---

9 Alan Gotthelf, James Lennox, *Philosophical issues…*, p. 392.

10 "El legrado es una técnica empleada por los ginecólogos, que consiste en el raspado o curetaje de las paredes interiores del útero, con el fin de extraer y recoger la capa mucosa llamada endometrio […] El legrado tiene dos finalidades principales: coger muestras del endometrio para analizarlas o vaciar el interior del útero". David Saceda Corralo, "Legrado", en *Webconsultas. Revista de salud y bienestar* (9 de julio, 2012) [En línea]: https://www.webconsultas.com/embarazo/complicaciones-del-embarazo/que-es-un-legrado. [Consulta: 20 de julio, 2019].

hombres;[11] bajo su perspectiva, dicha práctica les permite tener el control de sus vidas, sin embargo, paradójicamente, se deshacen de una vida humana, mientras que tales estructuras y los hombres que las perpetúan siguen intactos. Ya sea para tener control o para mejorar la raza –eugenesia–, la idea del aborto no ha variado en la historia y continúan siendo las mismas razones que se han rastreado a lo largo de este trabajo:

> Todas las funciones que tienen como finalidad otras, es evidente que los órganos a los que corresponden esas funciones están en la misma relación que ellas. Igualmente, si algunas son anteriores y resultan ser fin de otras funciones, la misma relación tendrá también cada una de las partes cuyas funciones son tales; y en tercer lugar, algunos órganos existen necesariamente como consecuencia de la existencia de otros. Por otra parte, llamo propiedades y funciones a la reproducción, el crecimiento, el acoplamiento, la vigilia, el sueño, la marcha y todo lo de tal tipo que se da en los animales; llamo partes a la nariz, al ojo y al conjunto del rostro, cada uno de cuyos elementos se llama miembro. Y del mismo modo también respecto a los otros.[12]

Aunque falte el desarrollo de una de las partes, ésta no es condición necesaria que impida tomar al ser por completo; así sucede con la enfermedad, una discapacidad o cualquier otra cosa que prive al ser. El embrión humano es primero un hombre, para después existir como uno.

Si no se considera al feto y al recién nacido como seres de la misma especie que el hombre, no se podría apelar a su humanidad para defender su vida; además, se corre el riesgo de caer en racismo y más aún, en un especismo donde se sostenga la superioridad de las personas sobre lo demás, de modo que se justificaría disponer de todo a placer y abusar de la naturaleza.[13]

---

[11] David Jones, *The soul of the embryo…*, p. 202.

[12] Aristóteles, *Partes de los animales*, 645b-646a.

[13] Este punto puede dar pie a un debate sobre la moralidad en el trato hacia los animales, sin embargo, no es objetivo de este trabajo.

4.2 *Nasciturus* o no-nacido

Los autores del controvertido artículo expresan: "Todo individuo que no se encuentre en condición de atribuir valor alguno a su propia existencia no es persona".[14] De esa forma, dichos seres se consideran embriones sobrantes para realizar investigaciones de células madre, como si fueran criminales condenados a la pena de muerte.

Sin embargo, hemos demostrado ya que el feto o embrión es un humano en acto y con potencias a desarrollar; por ello, es necesario que se tome en cuenta su lugar dentro del derecho, no sólo como un ser protegido por las leyes, sino un sujeto de derechos en un Estado que protege la vida de sus ciudadanos:

> Un auténtico Estado de Derecho es aquel en que todos y cada uno de sus miembros tienen acceso a lo necesario para poder desarrollarse plenamente en la sociedad y parte importante de dicho desarrollo, es que dentro de la comunidad existan leyes justas y que las mismas sean aplicadas de manera eficaz y conforme a derecho, posibilitando que los ciudadanos puedan hacer efectivos sus derechos para obtener los bienes materiales e inmateriales suficientes para satisfacer todas sus necesidades.[15]

Es verdad que esta etapa del desarrollo ha sido incierta, como lo dejan ver algunos autores. Aristóteles, por ejemplo, recomendaba no poner nombre a los niños recién nacidos debido al alto índice de mortandad. "La mortalidad infantil es muy grande antes del séptimo día; ésta es la razón por la cual los niños no reciben nombre antes de este día, puesto que se piensa que a partir de este momento tiene más posibilidades de sobrevivir".[16] Sin embargo, no denominarlo embrión es de gravedad ética y moral, pues esto ha llevado a manipularlo y destruirlo, así como a la creación de "sobrantes" en la fecundación asistida o mediante clonación, para su estudio y poste-

[14] Alberto Giubilini, Francesca Minerva, "After-birth abortion...", p. 2.

[15] Elvira Villalobos, "Análisis de la situación jurídica de la persona no nacida". *Perspectiva Jurídica* UP, 4, 8 (2017), p. 200.

[16] Aristóteles, *Investigación sobre los animales*, 587b.

rior eliminación. Debido a esto, pensemos desde distintas aristas la situación del *nasciturus*, para darle la dimensión adecuada.

Con base en la biología, la ley civil lo considera como embrión preimplantatorio o mal llamado preembrión, que es el nuevo ser humano resultante de la división progresiva del óvulo, desde su fecundación hasta aproximadamente catorce días más tarde, cuando anida establemente en el interior del útero. Como mencioné anteriormente, la falla en nombrarlo ha sido también justificación para su eliminación, por ello, es importante enfatizar que es un embrión y por tanto ser humano. Veámoslo de la siguiente manera:

- La posibilidad de gemelación en las dos primeras semanas de vida no significa que el embrión no sea un individuo de la especie humana; individuo no es igual a indivisible, sino que es lo indiviso en sí y dividido de otras cosas.
- La totipotencialidad de las células del preembrión, causante de la posible gemelación, no supone una negativa a la consideración del embrión preimplantatorio -del blastómero- como individuo de la especie humana.
- La ausencia de la línea primitiva no es el único centro organizador del organismo, sino que, por el contrario, el verdadero centro organizador en las primeras semanas es el genoma, presente desde el primer instante.
- Según el derecho, la persona relacionalidad; así, hasta que no se produce una relación físico-química en la nidación, el embrión no es persona. Sin embargo, antes de la nidación, ya existe una relación, aunque sea accidental al hombre, del nuevo ser con la madre a través de diversos factores y hormonas.

Desde la antropología, el embrión preimplantatorio se toma como auténtico y verdadero hombre, ya que existe y actúa como una unidad y es una célula destinada al genoma humano; de esa manera, le confiere una identidad específicamente humana; lo distingue de todos los demás cigotos, pues tiene una identidad individual y singular; reconoce que se halla en crecimiento y progreso, y lo considera una actual capacidad de realización gradual de un ser ya existente.

El embrión es una nueva célula que surge de la unión del espermatozoide y del óvulo –el cigoto–; cada fase constituye un crecimiento y un progreso de un ser humano único que permanece igual a sí mismo, desde el momento de la formación, hasta la madurez y la senectud. Por tanto, si bien en su desarrollo existen distintas fases, esto no significa que se pueda negar, en ninguna de ellas, la existencia de un ser humano, con todas sus consecuencias ontológicas, antropológicas, jurídicas y éticas. No se puede compartimentar la vida del hombre, pues esto implicaría una negación de su dignidad intrínseca.

Por otro lado, partiendo de la perspectiva ética, el *nasciturus* es un ser humano, tiene derecho a la vida y debe ser tutelado desde el primer instante de su existencia. Su desarrollo desde cigoto es continuo, único y progresivo, y el parto no supone un cambio esencial ni sustancial en el neonato; en consecuencia, no hay justificación alguna para establecer diferencias en el estatuto jurídico del ser humano ningún momento de su desarrollo, ni para establecer un antes y un después del nacimiento. En ese sentido, ante la ley, es un auténtico hombre, con los derechos fundamentales de gozar de la dignidad humana, sin que pueda haber discriminación por el momento de su proceso vital en que se encuentre, ni por ninguna otra razón.

La viabilidad que pide el derecho positivo para hacerlo sujeto de derechos es una distinción sin sentido, pues el nacimiento del nuevo ser humano es independiente a la certeza de si sobrevivirá o no para tener protección jurídica; por el contrario, desde su concepción, debido a lo demostrado en la presente tesis, es un hombre en acto y por ende, sujeto ante la ley. El derecho natural que emana de la esencia o naturaleza humana manifiesta que el cigoto tiene derecho a la vida desde la concepción.

4.3 El embrión frente al derecho

Mediante un ejercicio lógico, Giubilini y Minerva tratan el tema del aborto y el aborto después de nacer como si fueran iguales. Sustentan la idea de que el feto y el recién nacido gozan de igual estatus moral, ya que no son capaces de darse cuenta de sí mismos, y por tanto, tampoco pueden tener un proyecto de vida propio, ni les es posible identificar el daño que se les hace, a causa de la falta de interés en la continuación de su propia existencia.[17]

Los autores intentan desarrollar una argumentación para este planteamiento, sin embargo, caen en las contradicciones que hemos hecho explícitas en este trabajo. Si se desea defender una idea de tal magnitud, aun sea como ejercicio, es fundamental hacer un uso correcto de conceptos y no tratar la potencia como posibilidad de ser, sin tomar en cuenta el acto de ser, los principios científicos, el uso de la sustancia y accidentes, esencia, identidad y movimiento, por mencionar algunos de los que ya hemos revisado. Aunado a esto, tampoco es posible reducir el estatus moral de un feto o un recién nacido al parecer de la madre, dependiendo de la voluntad o no de tenerlo.[18]

Para reforzar mi exposición, expondré la perspectiva bioética que toma en cuenta cuatro principios de la vida humana:[19]

1. Respeto a la autonomía que es la capacidad de tener facultades; el feto las tiene en acto, sean estas en un estado de actualización, en potencia, pero ya cuenta con ellas.

2. Ausencia de maleficencia que refiere evitar el daño, por lo que el aborto causa un daño irreparable a un individuo autónomo.

[17] Cfr. Bertha Alvarez Manninen, "Yes, the baby should live: a pro-choice response to Giubilini and Minerva". *Journal of Medical Ethics*, 39, 5 (2012), p. 330-335.

[18] Cfr. Matthew Beard, Sandra Lynch, "Personhood, harm and interest: a reply to Alberto Giubilini and Francesca Minerva". *Journal of Medical Ethics*, 39, 5 (mayo, 2013), e1-e4.

[19] Margarita Valdés, *Controversias sobre el aborto*, p. 250.

3. Beneficencia, entendida como plantear y proveer beneficios, mismos que no se toman en cuenta en el feto en el caso de abortar.

4. Justicia, es decir, darle a cada quien lo que corresponde según su naturaleza; en el caso del feto ya hay una naturaleza y un deber para con él.

Con base en la ética y lo que se ha demostrado, podemos defender que el aborto no cumple con el tratamiento bioético hacia el feto.

Algo propio de los seres vivos es el instinto de supervivencia para la preservación de la especie,[20] y el hombre no es la excepción, por lo que desde cigoto se aferrará a la vida, a pesar del ambiente y las circunstancias. El embrión no se encuentra pasivo ante lo que le rodea, pues su crecimiento y desarrollo autónomo le permite seguir luchando hasta la muerte, y es en esta plena libertad que se va desarrollando su biografía.

Al hablar de la individuación podemos ver que existe una jerarquía en los seres vivos, según la integración de las unidades funcionales de su naturaleza. Los más complejos como los hombres son genéticamente homogéneos y no comparten un genotipo con nadie más. Un individuo genético es una unidad genéticamente homogénea,[21] por lo que no debe confundirse con una parte de otro ser, como en el caso del embrión con la madre. A su vez, el embrión tampoco puede ser otra cosa fuera de lo que es, un hombre: "Dado que la entidad es individuada en acto por la especie substancial [...] Aristóteles pertenece a la especie humana. Hombre y ciempiés son incompatibles. Porque Aristóteles es un hombre, tiene otras propiedades que no puede poseer, por ejemplo, no puede ser un ciempiés".[22] En este ejemplo, si Aristóteles cambia a ciempiés, dejaría de ser hombre y su principio de individuación sería diferente a quien

[20] Alejandro Serani, *El viviente humano...*, p. 118.
[21] Jack Wilson, *Biological Individuality...*, p. 64.
[22] *Ibidem*, p. 70.

es ahora; además, tampoco lo podría hacer en otro tiempo: "Un organismo adulto es idéntico al cigoto de donde surgió".[23]

La información genética no cambia desde su inicio hasta su fin, por ello, es un ser individuado sustancial en acto. Las causas material, formal, eficiente y final conforman la individuación de ese ser en acto y no como mera potencia a desarrollar, sino ya están dadas:[24] "Los adultos son comúnmente idénticos con los niños, y los niños con los bebés, y los bebés con los fetos, y los fetos con los cigotos. Cualquier atentado para romper lo obvio de la continuidad biológica sería arbitrario".[25] El cigoto se divide en células y distinta información genética; para que permanezca la identidad más allá de la división de partículas, es necesaria la individualidad del ser a pesar de su desarrollo.

El individuo es capaz de actuar contra su naturaleza, por ejemplo, dejar de comer, beber, reproducirse e incluso, atentar contra su propia vida: "El hombre no solo tiene dominio sobre lo que puede hacer, sino que tiene además dominio sobre lo que desea hacer, y por esto puede desear o no desear. Dicho de otro modo, tiene control no sólo sobre sus actos externos -motores-, sino también sobre sus actos internos -mentales- o, mejor aún, el animal humano tiene control o dominio sobre sus actos internos".[26]

---

[23] *Ibidem*, p. 77.

[24] Cfr. Nikolasus Knoepffler, Martin J. O´Malley, "After-birth and before birth personhood: why the baby should live". *Journal of Medical Ethics*, 39, 5 (mayo, 2013), e11-e14.

[25] Colin McGinn, citado por Jack Wilson, *Biological Individuality...*, p. 78.

[26] Alejandro Serani, *El viviente humano...*, p. 122.

Conclusiones

En este libro se ha mostrado que el uso incorrecto de los principios filosóficos como el acto y la potencia pueden conducir a una justificación del homicidio, en este caso, el aborto después de nacer. Con el fin de comprender a profundidad el lugar del que pretende partir dicha propuesta, se hizo una revisión histórica de las definiciones de hombre, desde Aristóteles, el autor elegido por Giubilini y Minerva para justificar su postura, hasta el uso del concepto de persona implementado por los medievales Boecio y Santo Tomás de Aquino.

El artículo en cuestión argumenta que el aborto es una forma en la cual se puede prevenir o solucionar el problema, en caso de detectar algunas enfermedades en el feto: "Los abortos en una edad temprana son la mejor opción, por razones psicológicas y físicas. Sin embargo, si una enfermedad no se ha detectado durante el embarazo, si algo se complicara durante el parto, o si las circunstancias económicas, sociales o físicas cambian de tal modo que cuidar al producto se vuelve insoportable para otros, entonces se debería tener la oportunidad a no ser obligado a hacer algo que no pueden costear".[1] No obstante, por medio del trabajo que he presentado, es posible apreciar la insuficiencia de dicho planteamiento para permitir, justificar o legalizarlo.

[1] Alberto Giubilini, Francesca Minerva, "After-birth abortion...", p. 3.

Consideremos que "un ser humano comienza a tener la capacidad de saber acerca de lo que pasa en el mundo y puede reportar algo acerca de ello, pero no de manera absoluta".[2] Si bien los hombres no sabrán lo que hacen al no ser plenamente conscientes, no dejan de actuar; ya lo decía Aristóteles: "el ser es mejor que el no ser y el vivir, mejor que no vivir, por todas estas causas hay reproducción de animales."[3] Tal vez no se sepa lo que sucede al dormir, qué contracciones musculares se necesitan para reír y, sin embargo, se realizan.

El concepto de *nasciturus* designa al concebido aún no nacido –*nondum natus*–, en quien se reconocen ciertos efectos favorables al nacer, y siempre que cumpla la triple *conditio iuris*, se vuelve merecedor de protección jurídica. No obstante, la biología y la antropología afirman que desde el momento de la concepción hay un nuevo ser humano con su propia individualidad personal, diferenciado del padre y de la madre, con un código genético propio y exclusivo. Desde estas perspectivas, el embrión es una persona absoluta, y si bien tiene cierta dependencia de la madre para la conservación y desarrollo de su vida, no se niega su condición de ser humano, con toda dignidad –no por la triple *conditio iuri*, sino por el alma y el principio de automovimiento–.

El *nasciturus*, desde el momento de la concepción, es ontológicamente y antropológicamente una persona diferenciada y única, con sus propios caracteres esenciales, lo que exige el reconocimiento de su personalidad jurídica, con todas sus implicaciones. Este reconocimiento parte del respeto absoluto a la dignidad de la nueva persona en sus primeras fases existenciales y a la tutela de sus derechos humanos fundamentales.

Por otro lado, los derechos del *nasciturus* que se deben reconocer y velar son los humanos fundamentales, en lugar de aquellos otros de carácter económico-patrimonial o meramente civil o político, que por ahora no son capaces de realizar sino bajo tutela. El bebé es ya desde su concepción, y debe ser protegido por las leyes,

---

2 Jack Wilson, *Biological Individuality...*, p. 112.
3 Aristóteles, *Reproducción de los animales...*, 731b.

sin importar las tres condiciones jurídicas, pues éstas reconocen la dignidad de toda persona sin discriminación.

Así como se establece que la personalidad jurídica se adquiere por la vida, es necesario también precisar el inicio de la misma, sea desde su concepción o no, pues los distintos códigos parecen contradecirse. Algunos señalan que "el nacimiento determina la personalidad" como el Código Civil Español;[4] en cambio, el Pacto de San José establece que "hay vida desde la concepción", pues reconoce que en el feto hay vida y es sujeto de derechos y obligaciones. Por ello, es importante considerar tanto la ley natural como el derecho natural.

La protección jurídica al no nacido y a los recién nacidos debe ser en acto y no en potencia, pues no olvidemos que las regulaciones pueden ser sujetas a interpretación, según los intereses de quienes determinan justicia. La ley no siempre es cara a la verdad que pretende llevar acabo; por esta razón, es imprescindible subrayar que el ser humano es en acto y por tanto, el derecho debe proteger su vida, invariablemente del contexto social en el que se discuta el tema.

4 Código Civil Español, art. 29-30, Ley 35 (1988).

Bibliografía

ALVAREZ Manninen, Bertha, "Yes, the baby should live: a pro-choice response to Giubilini and Minerva". *Journal of Medical Ethics*, 39, 5 (2013), pp. 330-335.

ARISTÓTELES, *Acerca de la generación y la corrupción*, Madrid, Gredos, 1987.

______, *Acerca del alma*, Madrid, Gredos, 1978.

______, *Analíticos posteriores*, Madrid, Gredos, 1995.

______, *Física*, Madrid, Gredos, 1995.

______, *Investigación sobre los animales*, Madrid, Gredos, 1985.

______, *Metafísica*, Madrid, Gredos, 1994.

______, *Partes de los animales*, Madrid, Gredos, 1983.

______, *Reproducción de los animales,* Madrid, Gredos, 1997.

ASIMOV, Isaac, *Los griegos*, Madrid, Alianza, 1981.

BARBER Kenneth y Jorge García, *Individuation and identity in early modern philosophy*, Nueva York, University of New York Press, 1994.

BAUTISTA Jaugey, Juan, "Espiritualidad del alma humana", en *Diccionario apologético de la fe católica*, t.1, Madrid, Sociedad Editorial de San Francisco de Sales [En línea]: http://www.filosofia.org/enc/dac/espiritu.htm[Consulta: 12 de noviembre, 2018].

BEARD, Matthew y Sandra Lynch, "Personhood, harm and interest: a reply to Alberto Giubilini and Francesca Minerva". *Journal of Medical Ethics*, 39, 5 (mayo, 2013), e1-e4.

BECKWITH, Francis, "Potentials and burdens: a reply to Giubilini and Minerva". *Journal of Medical Ethics*, 39, 5 (mayo, 2013), pp. 341-344.

BLANCH, Juan Manuel, "Filiación en el pensamiento jurídico romano. Ueritati locum superfore". *Revista General de Derecho Romano*, 3, (19 de septiembre, 2004) [En línea]: https://repositorio-institucional.ceu.es/bitstream/10637/3493/1/Filiacion_JM_Blanch_Rev_Gen_Dcho_Rom_2004.pdf [Consulta: 21 de marzo, 2021].

CARLOS VIDAL, "Aborto en Europa", *Congreso de los Diputados*, Madrid (21 de junio, 2009) [En línea]: https://aborto.cc/wp-content/uploads/2009/12/vidalelabortoenEuropa.pdf [Consulta: 12 de mayo, 2019] [Ponencia].

CASILLAS, Neydy y Piero Tozzi, *et al.*, "El aborto en el derecho internacional y en la jurisprudencia panamericana", en *Notivida* [En línea]: http://www.notivida.com.ar/Articulos/Aborto/AbortoEnElDerechoInternacional.html [Consulta: 3 de mayo, 2018].

CÓDIGO CIVIL ESPAÑOL (1988).

CÓDIGO DE HAMMURABI [En línea]: https://www.protocolo.org/miscelaneo/reportajes/codigo-de-hammurabi-ix.html [Consulta: 17 de febrero, 2019].

DEL RÍO González, Mario y Puerto Valencia Corrales, "Esparta: sistema de gobierno y clases sociales", en *Departamentos de griego y latín IES "Alagón" de Coria* [En línea]: https://iesalagon.educarex.es/web/departamentos/latin/materiales/grie2_archpdf/esparta.pdf [Consulta: 15 de mayo, 2018].

DESCARTES· René, *Meditaciones metafísicas con objeciones y respuestas*, Madrid, Alfaguara, 1997.

FILÓN, *Hipotéticas (Apología de los judíos)*, Buenos Aires, Editorial Acervo Cultural, 1976.

______, *Vida de Moisés*, Barcelona, Gredos, 1976.

FORDHAM University, *Ancient History Sourcebook: The Code of the Assura, c. 1075* [En línea]: https://sourcebooks.fordham.edu/halsall/ancient/1075assyriancode.asp [Consulta: 24 de junio, 2018].

GAFO, Javier, *10 palabras clave en la bioética*, Navarra, Editorial Verbo Divino, 1998.

GIUBILINI, Alberto y Francesca Minerva, "After-birth abortion: why should the baby live?". *Journal of Medical Ethics*, 39, 5 (mayo, 2013), pp. 261-263.

______, "Clarifications on the moral status of newborns and the normative implications". *Journal of Medical Ethics*, 39, 5 (mayo, 2013), pp. 264-265

GARCÍA, Jorge, *Introducción al problema de la individuación en la Alta Edad Media*, México, UNAM, 1997.

GOTTHELF, Alan y James Lennox, *Philosophical issues in Aristotle's biology*, Cambridge, Cambridge University Press, 1987.

HELLER, Richard, *et al.*, "Desarrollo de capacidad de salud pública". *Bulletin of the World Health Organization* (1 de noviembre, 2017), pp. 930-934 [En línea]: https://www.scielosp.org/article/bwho/2007.v85n12/930-934 [Consulta: 20 de junio, 2019].

HIPÓCRATES, *Juramento* [En línea]: http://www.bioetica.org/cuadernos/contenidos/hipocrates.htm [Consulta: 14 de julio, 2017].

JONAS, Hans, *The Phenomenon of Life: Toward a Philosophical Biology*, Chicago, Chicago Press, 1996.

JONES, David, *The soul of the embryo: an enquiry into the status of the human embryo in the Christian tradition*, Londres, Continuum, 2013.

JUAN PABLO II, "Discurso a los participantes de la 35ª Asamblea General de la Asociación Médica Mundial", en *La Santa Sede* (Juan Pablo II, *Discursos*, 29 de octubre de 1983) [En línea]: http://www.vatican.va/content/john-paul-ii/es/speeches/1983/october/documents/hf_jp-ii_spe_19831029_ass-medica-mondiale.html [Consulta: 23 de marzo, 2021].

JUSTINIANO, *Digesto*, España, Consejo de Ciento 1996.

JUVENAL, *Sátiras*, Madrid, Consejo Superior de Investigaciones Científicas, 1996.

KEOWN, John, *Abortion, Doctors and the Law: Some Aspects of the Legal Regulation of abortion in England from 1803 to 1982*, Cambridge, Cambridge University Press, 1985.

KNOEPFFLER, Nikolasus y Martin J. O´Malley, "After-birth and before birth personhood: why the baby should live". *Journal of Medical Ethics*, 39, 5 (mayo, 2013), e11-e14.

KULP, Joshua, *Ohalot, Mishnah* [En línea]: http://learn.conservativeyeshiva.org/ohalot-7-6-htm/ [Consulta: 15 de julio, 2018].

LOCKE, John, *Ensayo sobre el entendimiento humano*, México, FCE, 2005.

______, *Segundo tratado sobre el gobierno civil*, Madrid, Alianza, 2014.

MCGEE, Andrew, "The moral status of babies". *Journal of Medical Ethics*, 39, 5 (mayo, 2013), pp. 345-348.

MERLO Serani, Alejandro, *El viviente humano. Estudios biofilosóficos y antropológicos*, Navarra, EUNUSA, 2000.

MOOSA, Tauriq, "A Further Defence of Giubilini and Minerva". *Big Think* (2 de marzo, 2012) [En línea]: https://bigthink.com/against-the-new-taboo/a-further-defence-of-giubilini-and-minerva [Consulta: 15 de febrero, 2019].

NICOL, Eduardo, *La idea del hombre*, México, Herder, 2004.

OCAMPO, Manuel, "Aspectos fundamentales del acto libre en el pensamiento de Santo Tomás de Aquino". *Sapientia*, 70, 235 (2014). pp. 51-74 [En línea]: http://bibliotecadigital.uca.edu.ar/repositorio/revistas/aspectos-fundamentales-acto-libre.pdf [Consulta: 27 de marzo, 2021].

OVIDIO, *Amores*, Barcelona, Gredos, 1989.

PLANNED Parenthood, "¿Qué necesito saber sobre el aborto?" [En línea]: https://www.plannedparenthood.org/es/temas-de-salud/aborto/pensando-tener-un-aborto/que-necesito-saber-sobre-el-aborto [Consulta: 30 de mayo, 2019].

PLATÓN, *El banquete*, Madrid, Gredos, 1998.

______, *Fedón*, Madrid, Gredos, 1988,

PROFAMILIA, "Aborto seguro. ¿Qué es?" [En línea]: https://profamilia.org.co/aborto/que-es-aborto/. [Consulta: 15 de julio, 2019].

SACEDA Corralo, David, "Legrado", en *Webconsultas. Revista de salud y bienestar* (9 de julio, 2012) [En línea]: https://www.webconsultas.com/embarazo/complicaciones-del-embarazo/que-es-un-legrado [Consulta: 20 de julio, 2019].

SAGRADA Congregación para la Doctrina de la Fe, "Declaración sobre el aborto procurado", en *Acta Apostolicae Sedis*, 66 (1974).

SAN AGUSTÍN, "Manual de la fe, de la esperanza y de la caridad (*Enquiridon*) a Lorenzo", en *Sant Agostino* [En línea]: http://www.augustinus.it/spagnolo/enchiridion/enchiridion_libro.htm [Consulta: 15 de agosto, 2018].

San Agustín, *El matrimonio cristiano. El matrimonio y la concupiscencia* [En línea]: http://www.augustinus.it/spagnolo/nozze_concupiscenza/nozze_concupiscenza_1_libro.htm [Consulta: 15 de agosto, 2018].

Santo Tomás de Aquino, "Comentario a la generación y corrupción de Aristóteles", trad. Héctor Velázquez, en *Estudios Tomistas*, Universidad de Navarra (1996) [En línea]: https://www.estudostomistas.com.br/2012/08/comentario-la-generation-y-corruption_3304.html. [Consulta: 12 de abril, 2019].

______, *Suma Contra Gentiles* [En línea]: https://www.dominicos.org/media/uploads/recursos/libros/suma/5.pdf [Consulta: 15 de agosto, 2018].

______, *Suma Teológica* [En línea] https://www.hjg.com.ar/sumat/ [Consulta: 15 de marzo, 2018].

Sauer, Pieter y Eduard Verhagen, "The Groningen Protocol — Euthanasia in Severely Ill Newborns". *The England Journal of Medicine*, 352 (10 de marzo, 2005), pp. 959-962 [En línea]: https://www.nejm.org/doi/full/10.1056/nejmp058026 [Consulta: 26 de junio, 2019].

Séneca, *Acerca de las leyes*, Barcelona, Gredos, 2005.

______, *Acerca del enojo*, Argentina, Biblioteca Virtual, 2003.

______, *Diálogos. Consolaciones a Marcia, a su madre Helvia y a Polivio*, Barcelona, Gredos, 1996.

Sgreccia, Elio, *Manual de Bioética*, t.1, Madrid, bac, 2014.

Shapiro, Ian, "El derecho constitucional al aborto en los Estados Unidos: Una introducción". *Doxa. Cuadernos de Filosofía del Derecho* (Universidad de Alicante), 31 (2009), pp. 1-24 [En línea]: https://shapiro.macmillan.yale.edu/sites/default/files/files/abortion-spanish.pdf [Consulta: 3 de mayo, 2018].

Tertuliano, "Apologeticum", en *The Tertullian Project* [En línea]: http://www.tertullian.org/articles/manero/manero2_apologeticum.htm [Consulta: 15 de marzo, 2018].

Valdés, Margarita, *Controversias sobre el aborto*, México, fce, 2001.

Vázquez Hoys, Ana María, "Hititas", en *Página Web de la Dra. Ana María Vázquez Hoys -Profesora de Historia Antigua, uned* [En línea]: http://www2.uned.es/geo-1-historia-antigua-universal/HISTORIA%20

GENERAL%20RELIGIONES/HITITAS/leyes_hititas.htm. [Consulta: 14 de abril, 2018].

VERHAGEN, Eduard, "El Protocolo de Groningen para la eutanasia neonatal: ¿Hacia dónde se inclina la pendiente resbaladiza?". *Journal of Medical Ethics*, 39, 5 (mayo 2013), pp. 1-8 [En línea]: http://www.condignidad.org/protocolo-groningen.html [Consulta: 6 de julio, 2019].

VILLALOBOS, Elvira, "Análisis de la situación jurídica de la persona no nacida". *Perspectiva Jurídica UP*, 4, 8 (2017), pp. 198-213.

WAGNER, Carlos, *Historia del Cercano Oriente*, Salamanca, Ediciones Universidad de Salamanca, 2000.

WILSON, Jack, *Biological Individuality: The identity and persistance of living entities*, Cambridge, Cambridge University Press, 1990.

ZAGAL, Héctor, *Ensayos de metafísica*, Navarra, UNAV, 2008.

Este libro se imprimió en la Ciudad de México
el 25 de marzo de 2021, solemnidad de la Encarnación del Señor,
en la imprenta Ultradigital Press, S.A. de C.V.

www.ingramcontent.com/pod-product-compliance
Ingram Content Group UK Ltd.
Pitfield, Milton Keynes, MK11 3LW, UK
UKHW040025200726
13854UKWH00001B/369